Zwergkaninchen

Alles, was man über die kleinen Kuscheltierchen wissen muss. So sind sie glücklich.

Lea Henning

Inhaltsverzeichnis

Einführung

Die Natur ist ein wichtiger Aspekt auch in unserem heutigen Leben. Wer sich ihr ganz besonders verbunden fühlt, möchte sie in seinem normalen Leben nicht missen. Der Anblick der Natur und der Umgang mit ihren Lebewesen sind erfüllend und gesund. Er reduziert unseren Stress und sorgt allgemein für ein glücklicheres Lebensgefühl.

Ein Weg, die Natur in sein eigenes Heim zu holen, sind Pflanzen, aber auch Haustiere. Nun ist es mit den Haustieren jedoch immer so eine Sache. Ein Hund braucht beispielsweise Auslauf, aber alle Haustiere benötigen Pflege und sie bedeuten eine Menge Verantwortung. Dennoch ist es ein Erlebnis, welches das eigene Leben bereichern kann. Um ein Haustierhalter zu werden, braucht es nicht immer eines Hundes oder einer Katze. Ein Zwergkaninchen ist ein tierischer Freund, der sich kuscheln lässt und eine Verbindung zwischen dir, deinem Partner oder deinen Kindern und der Natur herstellt.

Ein Zwergkaninchen bringt die Natur in dein Leben und du wirst sehen, dass die Sorge und die Verantwortung, die du für den kleinen Hoppler übernimmst, dir sehr viel Freude bringen kann. Besonders Kindern, die heute der Natur so entwöhnt sind, bietet sich so eine Möglichkeit, ein Tier hautnah zu erleben. Zugleich lernen und wachsen sie mit der Verantwortung, welche sie für das kleine Kuscheltierchen, sein Leben und sein Wohlergehen übernehmen.

Kinder lernen mit dem kleinen kuscheligen Hoppler, doch es bringt auch dich und deine Kinder näher zusammen. Für ein Kind bedeutet ein Zwergkaninchen, dass es die Natur erlebt und an der Verantwortung wächst. Dennoch ist dein Kind am Anfang nicht in der Lage, die Verantwortung allein zu tragen. Du wirst ihm dabei helfen und ihr beide werdet über diese gemeinsame Fürsorge für euer Haustier eine ganz neue, enge Verbindung zwischen euch aufbauen und eure bestehende Verbindung vertiefen und verstärken.

Gerade, wer eine Wohnung in der Stadt hat, braucht eine besondere Verbindung zur Natur. Die Betonwüsten um uns herum zehren an unserer Psyche und an unserer Gesundheit. Hier ist gerade ein Zwergkaninchen ideal. Es braucht nicht so viel Pflege, keinen Ausgang wie ein Hund und es ist nicht laut. Damit stört man also weder sich selbst noch seine Nachbarn. Zugleich sehen die Zwergkaninchen so süß und flauschig aus, wobei sie bei Kindern und Erwachsenen gleichermaßen positive Emotionen hervorrufen.

Nun gibt es auch eine rechtliche Seite zu bedenken. Die Anschaffung eines Haustieres in der Wohnung braucht normalerweise die Zustimmung durch den Vermieter oder die Vermieterin. Es gibt jedoch eine Ausnahme zu dieser Regel. Kleintiere dürfen grundsätzlich ohne eine besondere Erlaubnis gehalten werden. Das bedeutet, ein schneller Blick in deinen Mietvertrag genügt. Hast du keine Ausnahme von dieser Regel vereinbart, kannst du ohne eine besondere Erlaubnis ein Zwergkaninchen anschaffen und in deiner Wohnung halten.

Nun klingt das Ganze ein wenig einfach und um ehrlich zu sein, ist das nicht immer so. Auch ein kleines Zwergkaninchen hat seine eigenen Bedürfnisse. Es handelt sich schließlich dabei nicht einfach um einen Gegenstand, sondern ein atmendes und fühlendes Lebewesen. Ein Zwergkaninchen verlangt nach täglicher Pflege und Aufmerksamkeit. Es ist zwar ein Haustier, doch es hat die gleichen Verhaltensweisen wie ein freilaufendes, wild aufwachsendes Kaninchen oder ein solcher Hase. Darum haben wir dieses Buch geschrieben, damit du als neuer und glücklicher Besitzer eines Zwergkaninchens weißt, worauf es bei der Haltung deines neuen Haustieres ankommt.

Nun liest du diese Zeilen und fragst dich, was diese Bedürfnisse denn so eigentlich sein können. Naja, da wäre zum Beispiel der natürliche Drang, Gänge und Höhlen zu graben. Dazu kommt die richtige Pflege, die richtige Nahrung, das Erkennen von Krankheiten und noch vieles mehr. Ein Zwergkaninchen kann, wenn man es wirklich ernst mit der Haltung meint, sehr schnell sehr anspruchsvoll werden.

Als Faustregel solltest du auch bei einem Zwergkaninchen beachten, dass es einen großen Raum für sich braucht. Das bedeutet, es verlangt nach einem großzügig bemessenen Gehege mit Bewegungsfreiheit. Dazu muss es die Chance bekommen, irgendwo zu buddeln und auch Umgang mit einigen Artgenossen zu haben.

Noch bevor du mit der eigentlichen Anschaffung beginnst, solltest du dir Gedanken darüber machen, wer die Pflege des Tierchens übernimmt, und wie das Ganze geregelt wird, wenn du mal in den Urlaub fliegst. Auch in den Ferien braucht ein kleines Zwergkaninchen Betreuung.

Neben der Betreuung und deren Aufgaben geht es aber auch um Geld. Ein Zwergkaninchen kostet nicht nur etwas, wenn man es kauft. Es muss auch versorgt werden, wozu Futter und Wasser und auch der Besuch beim Arzt gehören. All das kostet jedoch. Das bedeutet, du brauchst einen Plan und musst dir sicher sein, diese Aufgabe und die Kosten auch übernehmen zu können. Dein Zwergkaninchen sollte nicht einfach irgendwann in einem Tierheim landen, weil du dich mit der Anschaffung übernommen hast.

Umgedreht ist das Zwergkaninchen aus dem Tierheim etwas, was du erwägen solltest. Damit bekommt ein kleiner Hoppler nämlich eine zweite Chance. Dann kann es ein Mitglied deiner Familie werden, anstatt einfach nur von dem letzten Halter abgelehnt worden zu sein. Ein Kauf in der Tierhandlung dagegen ist immer ein Beitrag zur Industrie. Damit unterstützt und förderst du die Züchtung für den Verkauf. Während dies in den meisten Fällen durchaus unbedenklich ist, gibt es dennoch das eine oder andere schwarze Schaf, d. h., einen Züchter, der sich nicht um eine artgerechte Haltung und Aufzucht kümmert.

Was ist ein Zwergkaninchen?

Beginnen wir unsere Reise in die Welt der Zwergkaninchen damit, herauszufinden, was ein Zwergkaninchen eigentlich ist. Wenn du nämlich dazu einfach mal ein paar Leute auf der Straße fragst, wirst du ein paar interessante Antworten erhalten, doch die meisten werden nur sehr wenig mit der Realität zu tun haben.

Das Zwergkaninchen gehört zu der Familie der Hauskaninchen, also der Kaninchen, die nicht mehr in der Wildnis leben, sondern domestiziert wurden. Natürlich stammen die Hauskaninchen dabei von den Wildkaninchen ab. Das verhält sich so ähnlich wie bei den Wild- und Hausschweinen.

Als zoologische Familie wird oft der Fehler gemacht, die Kaninchen zu den Nagetieren zu zählen. Das ist jedoch nicht richtig, auch wenn der Fehler aufgrund der prägnanten und ständig wachsenden Nagezähne naheliegt. Tatsächlich gehört das Kaninchen zu den Hasenartigen. Das bedeutet, der Körperbau, die grundsätzlichen Verhaltens- und Lebensweisen ähneln den Hasen. Das ist jedoch schon die einzige Gemeinsamkeit. Biologisch sind die Kaninchen nämlich doch von den Feldhasen so unterschiedlich, dass sie sich zum Beispiel nicht paaren können.

In der freien Natur kommen die Wildkaninchen vor allem im südwestlichen Teil Europas vor. Es gibt aber auch einige davon in Deutschland. Sie sind keine Wandertiere, sondern leben auf einem Gelände, auf ihr Revier, bezogen. Dabei sind sie auch nicht gern allein, sondern bilden große Kolonien. Diese Kolonien wiederum leben in Erdhöhlen, die die Tierchen selbst graben.

Die Kaninchen leben in einer streng hierarchischen Gruppe. Dabei gibt es ein Alphamännchen und ein Alphaweibchen. Alle männlichen Tiere in der Kolonie ordnen sich dem Alphamännchen unter. Alle weiblichen Tiere wiederum folgen dem Alphaweibchen. Die Männchen markieren ihr Revier als ihren Herrschaftsraum. Dazu benutzen sie ein Sekret aus ihren Kinndrüsen und den Geruch ihres Urins.

Als Tiere sind die Kaninchen eher sehr ruhig. Das liegt daran, dass sie sich nicht über Laute verständigen, sondern dafür ihre eigene Körpersprache anwenden. Diese kann jedoch auch in bestimmten Situationen dazu verwendet werden, Geräusche zu erzeugen. So ist es bei einer drohenden Gefahr besonders notwendig, alle Tiere in der Kolonie zu erreichen. Daher wird in diesem Moment die Körpersprache durch ein Trommeln mit den Hinterläufen umgesetzt. Dieses zeigt den Tieren in der Nähe, dass etwas Gefährliches auf sie zukommt und es erlaubt anderen Kaninchen, die die Körpersprache nicht sehen, noch immer das Geräusch bzw. die Vibration des Bodens wahrzunehmen.

Eine andere, interessante Eigenart der Kaninchen ist es, Männchen machen. Das bedeutet, die Kaninchen richten sich auf den Hinterbeinen auf. Die Zwergkaninchen sind von Natur aus eher klein. Durch das Aufrichten erhalten sie nun einen besseren Überblick über die Umgebung, indem sie so über das Gras und kleinere Hindernisse hinwegsehen können.

Für den Halter ist es besonders interessant, zu wissen, wann ein Kaninchen sich wohlfühlt. Das ist immer dann zu erkennen, wenn es sich entspannt. Das geschieht, indem es sich auf die Seite legt und die Hinterläufe lang ausstreckt. Dann fühlt es sich sicher und pudelwohl.

Übrigens ist die Domestizierung des wilden Kaninchens zum Hauskaninchen keine neue, heutige Erfindung bzw. Erscheinung. Tatsächlich befinden sich die Hauskaninchen schon seit Jahrtausenden in der Obhut von Menschen. So berichten schon die alten Römer in ihren Überlieferungen von Kaninchen in ihren eigenen vier Wänden. Dabei ging es aber weniger um die kuscheligen Tiere als Haustiere, sondern um die Gewinnung von Fleisch. Als kuscheligen Freund daheim fand das Hauskaninchen dann im 19. Jahrhundert eine neue Lebensart. Damals begann dann auch eine gezielte Zucht auf verschiedene Farben des Felles und verschiedene körperliche Merkmale.

Heutzutage schaffen es die lieben, kleinen Zwergkaninchen, eine ganze Weile bei ihren Familien zu bleiben. Dabei werden sie durchschnittlich 8 bis 10 Jahre alt. Ihre Haltung in der Wohnung ist dabei an sich kein Problem, doch sie sollten immer wieder auch Auslauf in der Natur bekommen.

Zwergkaninchen sind auch von der Natur aus eher gesellige Lebewesen. Daher empfiehlt es sich, sie nicht einzeln, sondern als Teil einer Gruppe zu halten. Dabei sollte die Gruppe nicht aufs Geratewohl zusammengestellt werden. Wir werden später noch einige Ideen für eine gelungene ausgewogene Mischung geben.

Zwergkaninchen brauchen eine Ernährung, die abwechslungsreich gestaltet ist und die auch natürliche Nagematerialien enthält, damit sie ihre Nagezähne einsetzen und damit auf die richtige Länge bringen können. Dabei brauchen sie viel Bewegung außerhalb ihres Käfigs, idealerweise einen Garten bzw. ein Gehege und auch die Gelegenheit, zu buddeln.

Zwergkaninchen sind nett und kuschelig, doch sie sind keine empfindungslosen, ausgestopften Kuscheltiere. Das bedeutet, dass sie nur unter Aufsicht Kindern überlassen werden können bzw. Kinder für eine alleinige Betreuung zuerst einmal ihre Befähigung und die nötige Sorgfalt beweisen müssen.

Im Haus oder im Freien?

Die Haltung eines Zwergkaninchens ist eine Entscheidung für die nächsten 8 bis 10 Jahre, denn das ist das Alter, welches die kleinen Tierchen im Durchschnitt erreichen. Am besten nimmt man sie als Jungtier zu sich, doch dabei sollten sie schon mindestens neun Wochen alt sein. Dann sind sie entwickelt und stark genug, um die Trennung von ihrer Mutter zu überstehen.

Gesellige Haustiere

Die Zwergkaninchen sind von Natur aus gesellig. Das bedeutet, sie sind nicht gern allein. Darum ist es besser, sich nicht ein Zwergkaninchen allein zu beschaffen, sondern wenigstens eine kleine Gruppe. Du, als der Halter des Tieres, deine Familie oder auch andere Haustiere, wie zum Beispiel Meerschweinchen, können hier nicht die Gruppe bzw. die Anwesenheit anderer Zwergkaninchen ersetzen. Es muss schon ein Artgenosse sein. Das bedeutet, du solltest dir besser mindestens zwei Zwergkaninchen zur gleichen Zeit anschaffen. Besser ist es jedoch, sich gleich eine kleine Gruppe zuzulegen, die bis zu 6 Tierchen umfassen kann.

Die Gruppe

Zwei Tiere gemeinsam sind besser als eines, noch besser jedoch ist eine kleine Gruppe. Dazu kann ein kastrierter Bock mit bis zu drei Weibchen zusammen gehalten werden. Es lassen sich auch bis zu vier Weibchen mit zwei kastrierten Böcken halten. Weibchen wiederum allein in einer Gruppe zu halten, ist absolut nicht zu empfehlen. Die Tiere werden dann sehr schnell aggressiv untereinander.

Männchen in der Gruppe sind sehr wichtig, doch sie sollten immer kastriert sein. Nur das verhindert eine unkontrollierte Fortpflanzung. Das ist sehr wichtig, denn ein Weibchen kann mehrmals pro Jahr Junge bekommen und jeder Wurf kann in extremen Fällen bis zu 9 Junge auf die Welt bringen.

Weiterhin sorgt die Kastration dafür, dass es nicht zu Kämpfen um das Revier bzw. um die Rangordnung kommt. Darüber hinaus solltest du auch bedenken, dass die Männchen auch noch nach der Kastration für 4 bis 6 Wochen in der Lage sind, Nachkommen zu zeugen. Sie müssen also für diesen Zeitraum von den Weibchen getrennt gehalten werden.

Der Lebensraum

Die Kaninchen müssen irgendwo leben. Das bedeutet, sie haben einen Stall oder einen Käfig oder ein richtig großes Gehege. Je nach der Größe der Gruppe, ist es wichtig, diesen Lebensraum entsprechend zu gestalten. Das verhindert Rangkämpfe und andere Auseinandersetzungen. Das bedeutet, je größer die Gruppe, desto mehr Raum brauchen die Tiere.

Kämpfe lassen sich nicht immer ganz vermeiden. Wenn du siehst, dass es zu einer Auseinandersetzung kommt, solltest du dennoch nicht vorschnell reagieren. Sehr oft ergeben diese Kämpfe dann die Rangordnung für die Zukunft. Steht diese fest, werden aus den Kriegern sehr schnell die besten Freunde. Wenn du jedoch eingreifst, wird es immer wieder zu Kämpfen kommen, bist die Positionen in der Gruppe ausgefochten sind. Anders ausgedrückt, die Rangeleien lassen sich nicht vermeiden und je schneller du sie geschehen lässt, desto eher sind sie auch wieder vorüber.

Die Haltung in der Wohnung

Auch wenn es nicht so aussehen mag, haben die Kaninchen doch einen sehr stark ausgeprägten Drang nach Bewegung. Dementsprechend brauchen sie Raum, um dieses Bedürfnis ausleben zu können. Besonders die üblichen Käfige sind für die Kaninchen jedoch viel zu klein. Das bringt schwere Schäden an der Muskulatur, der Haltung und dem Sozialverhalten der lieben Tierchen mit sich. Das hat dann eindeutig nichts mit artgerechter Haltung zu tun.

Typische Verhaltensstörungen sind eine sehr starke Bissigkeit des Zwergkaninchens, welches sich dann auch von seinem Halter nicht mehr aufnehmen lässt. Darüber hinaus kommt es oft dazu, dass die Kaninchen an den Gitterstäben nagen. Diese sind jedoch aus Metall, was wiederum zu der richtigen Abnutzung der ständig wachsenden Nagezähne keinen Beitrag leistet. Die Zähne werden dann zu lang, was Schmerzen für das Tier bedeutet und natürlich auch das Fressen nicht gerade erleichtert. Ebenso hören einige der Zwergkaninchen überhaupt auf, sich herumzubewegen. Sie sitzen dann nur in der Ecke und scharren am Boden herum. Kein Käfig kann daher als Lebensraum dienen. Käfige sind nur geeignet, einen Transport zu ermöglichen. Selbst als Schlafquartier solltest du sie nicht verwenden, denn die kleinen Hoppler werden schon bei der ersten Dämmerung aktiv und brauchen dann sofort ihren Auslauf. Dann können sie herumjagen, ihre Haken schlagen und sich austoben.

Wenn du in einer Wohnung in der Stadt lebst, kannst du dennoch für dein Kaninchen einen artgerechten Lebensraum schaffen. Dazu musst du jedoch bereit sein, ein Opfer zu bringen. Dies ist wenigstens eine Ecke eines Zimmers und besser noch etwas mehr als das, am besten gleich das ganze Zimmer. Dort kannst du ein offenes Gehege einstellen.

Das Gehege sollte mindestens 1,5 m lang und 0,75 m breit sein. Darüber hinaus muss es deinen Haustierchen möglich sein, jederzeit dieses Gehege zu verlassen und sich im gesamten Zimmer zu bewegen. Die Gehege lassen sich sehr leicht in Eigenregie herstellen. Wenn dir das jedoch zu viel Arbeit ist, kannst du sie im Internet bestellen bzw. sie dir nach Maß anfertigen lassen.

Kaninchen sind es gewöhnt, in einer Höhle zu leben. Das bedeutet, sie brauchen auch in deiner Wohnung eine Höhle. Nun ist das natürlich nicht direkt möglich, doch du kannst für einen Ersatz sorgen. Dieser besteht aus einem Schlafhäuschen. Es dient gleich doppelt als Ort für die Nachtruhe und als ein Versteck, wenn Gefahr droht. Letzteres bedingt jedoch, dass deine Zwergkaninchen tatsächlich jederzeit Zugang zu den Schlafhäuschen haben. Sobald sie etwas als Gefahr wahrnehmen, können sie dann dorthin flüchten. So weißt du auch gleich, wo du sie finden kannst.

Das Schlafhäuschen solltest du mit einem flachen Dach ausstatten. Dann dient es deinen Kaninchen gleich noch als Aussichtspunkt. Sie können auf das Dach klettern, sich dort aufrichten und einen kleinen Rundblick nehmen. Das macht ihnen großen Spaß.

Das Schlafhäuschen ist jedoch nicht die einzige Möglichkeit, ihnen einen Aussichtspunkt zu geben. Vergiss nicht, sie lieben es, sich umzusehen, und besonders lieben sie dies, auf einer erhöhten Fläche zu tun. Daher solltest du durch eine Kiste oder einen Ast eine weitere Ebene im Gehege schaffen. Das gibt den Kaninchen auch gleich noch etwas, woran sie nagen können.

Dafür musst du jedoch darauf achten, dass das Holz für sie ungiftig ist. Dazu kannst du noch etwas Wurzelgewächs oder ein paar Rohre in das Gehege legen, dann haben sie noch mehr Plätze, an denen sie sich verstecken können. Darüber hinaus erinnern die Rohre sie an ihre Höhlen, wenn sie hindurch krabbeln und sie können sich dort auch gleich, wie in der Natur verstecken.

Zwergkaninchen lieben es, zu graben. Auch hier kannst du ihnen helfen. Kauf ein paar große Blumenschalen. Fülle sie mit Sand oder Erde auf und schon haben die kleinen Hoppler was zum Buddeln. Du musst die Schalen jedoch immer mal wieder auffüllen, weil bei der Buddelei immer wieder was danebengeht.

Ein Gehege muss auch noch eingestreut werden, um mit den Stoffwechselendprodukten fertig zu werden, welche über den Tag unweigerlich anfallen. Dafür gibt es gleich mehrere Varianten und Versionen, die du nutzen kannst. So ist es möglich, Zellstoff oder Zeitungen als Unterlage zu verwenden. Ebenso kannst du saugfähige Rinden benutzen, Hanf oder Kleintierstreu sind auch gute Alternativen. Auf diese Grundlage kommt dann Heu oder Stroh. Was du lieber nicht nehmen solltest, das ist Sägemehl, Torf oder Hobelspäne. Diese würden zu Reizungen der Augen und Atemwege führen und über einen längeren Zeitraum hinweg zu Erkrankungen führen.

Jetzt brauchst du noch einen Platz für das Futter und das Wasser. Das kannst du natürlich nicht einfach so über der Einstreu verteilen. Damit die Einstreu nicht auch einfach einen Weg in das Futter bzw. Wasser findet, solltest du ein paar Gefäße nehmen, die etwas höher sind. Steingutnäpfe, die etwas höher aufgestellt sind, sind eine gute Idee. Diese sind schwer genug, um nicht einfach umgeworfen zu werden und sie sind von der Einstreu weit genug entfernt.

Manchmal willst du auch Raufen für das Heu verwenden. Dann solltest du jedoch bei der Anbringung darauf achten, dass sich deine Hoppler nicht darin verfangen. Dann droht nämlich Verletzungsgefahr.

Wenn du es richtig anstellst, kannst du sogar etwas schaffen, was du bestimmt für unmöglich gehalten hast, du kannst deine Zwergkaninchen stubenrein bekommen. Das ist tatsächlich möglich und es ist sogar weniger eine Frage des Trainings. Sie sind schließlich keine Hunde, die du einfach mal so Gassi führen kannst. Es ist mehr eine Frage der Einrichtung.

Die Zwergkaninchen suchen von ganz allein nach einem Ort für ihr Geschäft, der bestimmten Anforderungen entspricht. Schaffst du diesen Ort für sie, wird er für sie zu ihrer Toilette, welche sie von ganz allein aufsuchen. Die Anforderung ist simpel. Alles, was aus dem Kaninchen kommt, muss irgendwie einsickern können. Nimm also einen Topf oder eine Schale. Fülle sie mit Einstreu und stelle sie in eine Ecke des Geheges. Dein Hoppler wird sie dort finden, beschnuppern und bald auf ganz natürliche Art für sich als sein WC auserwählen. Dann brauchst du um deine Wohnung nicht mehr zu fürchten.

Die Stubenreinheit funktioniert jedoch leider nur in einem begrenzten Rahmen. Das Problem ist nämlich der Drang der Männchen, ihr Revier zu markieren. Sie werden also, sobald sie Freilauf bekommen, immer auch etwas Urin im Zimmer verteilen, um ihre Duftmarke zu setzen.

Innerhalb des Geheges ist es wichtig, die Einstreu jede Woche mindestens zweimal zu wechseln. Noch öfter solltest du dies in dem Bereich tun, welche deine Hoppler als Toilette ausgewählt haben. Das liegt einfach daran, dass Zwergkaninchen ein sauberes Zuhause mögen und brauchen. Das verhindert zugleich auch, dass deine kleinen Lieblinge krank werden.

Kommen wir zum Standort des Geheges. Halte dir vor Augen, dass Zwergkaninchen von ihrer Natur aus Höhlenbewohner sind. Das bedeutet, dass es für sie unangenehm ist, wenn ihr Gehege frei und von allen Seiten einsehbar steht. Es ist besser, es in eine Ecke des Zimmers zu stellen und es gegen zu viele Einblicke zu schützen.

Hinsichtlich der Fenster solltest du darauf achten, das Gehege nicht direkt darunter anzubringen. Das liegt zum einen an der Einsicht bzw. dem Lichteinfall, aber auch an der Temperatur. Die kleinen Hoppler brauchen 18 bis 20 Grad, damit sie sich richtig wohlfühlen. Im Winter jedoch kommt über das Fenster immer ein Schwall kalter Luft zu ihnen. Das gilt auch, wenn das Fenster geschlossen bleibt, da es selbst die Kälte von draußen auf die Luft im Raum überträgt. Das bedeutet, dass sich die Luft am Fenster abkühlt und dann als kalter Schwall nach unten in das Gehege fällt. Das sollte nicht sein, also weg vom Fenster mit dem Gehege.

Umgedreht sollte aus dem gleichen Grund das Gehege auch nicht in der Nähe der Heizung bzw. von Elektrogeräten stehen. Während die Zimmertemperatur im Winter dank der Heizung vielleicht ideal ist, ist sie selbst jedoch zu heiß und ihre Umgebung zu warm für die Zwergkaninchen. Elektrogeräte, wie zum Beispiel dein Fernseher, werden auch gern mal etwas heiß, was dann ebenfalls zu viel für deine Kaninchen ist.

Zwergkaninchen sind von Natur aus gesellige Lebewesen, doch das gilt nur gegenüber anderen Zwergkaninchen. Wenn du Hunde, Katzen oder andere Haustiere hast, sollten diese keinen Zugang zu dem Gehege der Kaninchen haben. Damit haben deine Kaninchen einen sicheren Rückzugsraum und die anderen Tierchen zerstören oder verschmutzen nicht das Gehege.

Das Gehege und der Raum, in dem es sich befindet, ist der neue Lebensraum deiner Kaninchen. Nun müssen sie sich in diesem Lebensraum aber auch so ausleben können, als befänden sie sich in der freien Natur. Dort graben sie Höhlen zum Wohnen, sie markieren ihren Bereich und sie haben Umgang mit anderen Kaninchen. Das brauchen sie auch in deinem Zuhause. Enthältst du ihnen das vor, gibst du ihnen nur Futter, ein wenig Wasser und immer mal wieder neue Einstreu, dann fühlen sie sich nicht wohl und sie verkümmern geistig und körperlich über die Zeit hinweg.

Was deine Zwergkaninchen brauchen, ist Abwechslung und sind Materialien, mit denen sie spielen und an denen sie knabbern können. Das bedeutet zum Beispiel, dass du das Futter auch ruhig mal an einen anderen Platz und gern auch mal etwas versteckt zur Verfügung stellst. Dann sind sie mit der Suche beschäftigt und fühlen sich pudelwohl. Ein wenig Holz zum Spielen und Knabbern verstärkt das Wohlfühlen noch und erlaubt es den Hopplern, ihre ständig wachsenden Schneidezähne zu kürzen, indem sie sie einfach abnutzen. Du kannst ihnen auch gern ein paar Spielsachen geben oder einen Hindernisparcours bauen.

Der Auslauf im Zimmer für die Kaninchen bedeutet aber noch etwas mehr. Du musst das gesamte Zimmer so vorbereiten, dass sich deine Tierchen nicht verletzen können oder sonst wie ihre Gesundheit gefährdet ist. Das bedeutet, dass alles, was Strom führt, also Elektrokabel und Kabel für dein Telefon, verschwinden müssen. Du kannst dir bestimmt die Folgen vorstellen, wenn sie an einem dieser Kabel knabbern.

Teppiche mit langen Fasern sind ebenfalls tabu. Das liegt einfach daran, dass sich deine Hoppler mit ihren Krallen darin verfangen können. Dann aber hängen sie entweder fest und können sich nicht mehr bewegen oder sie verletzen sich sogar.

Reinigungsmittel gehören nicht in die Reichweite der Kaninchen. Ebenfalls solltest du Zimmerpflanzen, Blumensträuße und Gestecke entfernen. Diese können nämlich unter Umständen giftig für die kleinen Kaninchen sein. Ebenso sollten andere Haustiere hier keinen Zugang haben, damit die Kaninchen sich ungestört und ohne Angst austoben können.

Für dich selbst solltest du immer beachten, dass deine Möbel, deine Tapeten und dein Teppich sich ebenfalls in Gefahr befinden. Deine Hoppler neigen nämlich dazu, diese einfach einmal anzunagen oder zu verschmutzen. Du solltest also im Kaninchenzimmer nicht die teuersten Designermöbel verwenden, so du dort überhaupt derartige Sachen einbringen möchtest.

Freilauf in der Wohnung ist schon mal nicht schlecht. Eine gute Idee ist aber auch, den Kaninchen etwas frische Luft auf dem Balkon zu gönnen. Hier solltest du jedoch vor dem ersten Auslauf ein wenig in dich gehen und nachdenken und dann deine Gedanken umsetzen. Warum? Weil Zwergkaninchen zwar nicht so aussehen, sie jedoch leicht aus dem Stand mehr als einen Meter hoch springen können. Genau genommen können sie so leicht bis zu 70 cm überwinden. Dazu kommt die Gefahr, zwischen den Stäben des Absperrgitters am Balkon hindurch zu klettern. Nun mögen deine Hoppler nicht unbedingt suizidgefährdet sein, doch darum geht es nicht. Sie sind einfach neugierig, doch das Ergebnis ist dann das Gleiche.

Besser noch als der Auslauf auf dem Balkon ist ein Spiel im Garten. Aber auch hier gibt es einiges zu beachten. So sollte der Garten insgesamt trocken sein. Wenn es also gestern oder über die Nacht geregnet hat, ist der Ausflug dorthin nicht zu empfehlen. Darüber hinaus sollte der Garten nicht mit Düngemitteln oder mit Pflanzenschutzstoffen behandelt worden sein, denn diese sind für deine Hoppler gesundheitsschädlich.

Verfügst du über einen Garten, der weder feucht noch von Chemikalien berührt ist, solltest du jedoch den Spaß nicht gleich übertreiben. Deine Zwergkaninchen müssen sich an die Natur und den Freilauf darin zuerst einmal gewöhnen. Das bedeutet, den Ausflug am Anfang auf eine Stunde zu begrenzen, und danach die Zeit langsam auszudehnen. Dabei sollte das Kaninchen auch immer etwas Heu in der Nähe haben, damit es keine Probleme mit der Verdauung bekommt.

Ist der Freilauf über mehrere Stunden hinweg vorgesehen, empfiehlt es sich auch hier wieder, ein Gehege einzurichten. Dieses sollte dann 3 m lang und 2 m breit sein. Die Absperrung muss eine Höhe von mindestens 75 cm aufweisen. Dann ist noch eine Absicherung nach oben und unten mit Maschendraht nötig. Diese schützt vor Hunden, Katzen und auch vor Raubvögeln. Ebenso wird es verhindern, dass sich die Kaninchen ins Freie graben.

Auch das Gehege im Freien sollte mit bestimmten Sachen ausgestaltet werden. So brauchen die Kaninchen als Erstes eine Hütte, in die sie sich zurückziehen können, sobald sie eine Bedrohung wahrnehmen. Dazu brauchen sie etwas zum Spielen, wie zum Beispiel Wurzeln, Äste oder Röhren. Diese sollten auch zugleich Schatten spenden, damit sie vor der Sonne geschützt sind.

Sobald die Kaninchen auf dem natürlichen Boden im Freien sind, werden sie auch damit beginnen, zu graben. Daher solltest du entweder einen Untergrabschutz anbringen oder du musst deine Hoppler regelmäßig kontrollieren.

Die Haltung außerhalb einer Wohnung

Neben der Haltung innerhalb der Wohnung kannst du deine Kaninchen auch in einem Außengehege leben lassen. Aber auch hier gibt es wieder ein paar wichtige Punkte, die beachtet werden müssen, damit es deinen Hopplern auch wirklich gut geht und sie sich wohlfühlen.

Die Haltung draußen sollte dann beginnen, wenn die Nächte frostfrei sind. Dann ist es warm genug für die Kaninchen und sie haben eine Chance, sich an das Klima zu gewöhnen, bevor es Sommer wird.

Eine Außenhaltung erlaubt es, ein großes Gehege einzurichten. Daher sollte auch hier auf jeden Fall immer eine Gruppe von Kaninchen, keine einzelnen Tiere, untergebracht werden. Das Gehege muss dabei der Größe der Gruppe entsprechen. Als Faustregel gilt, dass zwei bis drei Kaninchen mindestens 6 m^2 benötigen.

Das Außengehege muss Möglichkeiten für einen Unterschlupf bieten und dazu gehört auch Heu und Stroh. Damit können sich die Kaninchen dann aufwärmen, wenn es ansonsten noch kalt ist. Wird es dann langsam Sommer und damit auch wärmer, dann wird Schatten immer wichtiger. Dazu kommt auch, dass immer genügend frisches Wasser bereitstehen sollte.

Das Futter sollte an einer Stelle bereitgestellt werden, die über eine Überdachung verfügt. Damit können die Hoppler vor allem vor der Sonne geschützt ihre Mahlzeiten genießen. Der Unterschlupf wiederum sollte aus einer Hütte bestehen, die drinnen noch einmal unterteilt ist. Damit kommt mehr Gefühl wie in einer Höhle auf und die Tiere können sich auch mal allein verkriechen. Darüber hinaus bieten mehrere Räume auch gleich noch mehr Schutz vor Kälte oder auch Frost, der ja doch einmal überraschend auftreten kann.

In das Gehege gehört auch wieder eine erhöhte Stelle, damit die Kaninchen sich ungestört umsehen können. Dazu brauchen sie etwas zum Spielen. Das sind wieder Wurzeln, Äste oder Baumstämme. Dabei ist jedoch darauf zu achten, dass diese für die Kaninchen ungiftig sind. Ein Erdhügel ist auch etwas Feines und du kannst den Kaninchen auch noch ein paar Röhren in das Gehege legen, damit sie so richtig etwas Höhlenartiges haben.

Das Gehege selbst muss gegen Ein- und Ausbrüche gesichert sein. Damit wird verhindert, dass Vögel, Hunde oder Füchse die Kaninchen jagen. Umgedreht wird auch verhindert, dass sich die Kaninchen selbstständig machen.

Hast du das Gehege entsprechend eingerichtet, kannst du deine Kaninchen sogar dort überwintern lassen. Das gilt jedoch nicht, wenn sich Jungtiere in der Gruppe befinden. Diese sind nämlich für einen Winter viel zu empfindlich.

Gibst du deinen Kaninchen einen Auslauf im gesamten Garten, musst du bei ihnen bleiben und sie beaufsichtigen, damit sie nicht ausbüxen. Außerdem muss dann der gesamte Garten gegenüber den Nachbarn, eventuell angrenzenden Straßen und Gewässern abgegrenzt sein.

Über Nacht sollten die Kaninchen sich auch in ihrem gesamten Gehege bewegen können und nicht in einem Käfig oder in ihrer Hütte eingesperrt sein. Das liegt einfach daran, dass sie schon in der Dämmerung aktiv werden und herumtollen wollen und dann dementsprechenden Auslauf in ihrem Gehege brauchen.

Die genügsamen Haustiere

Das klingt nun alles sehr kompliziert. Man braucht Gehege, der Auslauf muss beaufsichtigt sein und jede Menge Ansprüche sind zu erfüllen. Das aber bringt die Haltung von Tieren mit sich, die von Natur aus ihre Bedürfnisse haben.

Dennoch sind die Zwergkaninchen die beliebtesten Haustiere und das hat einen einfachen Grund. Ist das Gehege erst einmal eingerichtet, dann sind sie genügsam, sie sind sehr reinlich und sie können sich sehr gut mit ihresgleichen beschäftigen. Sie brauchen also nicht die ständige Aufmerksamkeit wie ein Hund oder verschwinden nicht einfach einmal für eine Entdeckungsreise. Sie sind daheim und sie erfreuen sich in ihrem Gehege. Ein Mensch in der Nähe stört sie nicht und sie brauchen nicht unbedingt menschliche Gesellschaft.

Auch wenn die Kaninchen an sich genügsam sind, ist es einfach so, dass sie sich nur dann wohlfühlen, wenn sie ihre Natur ausleben können. Dazu gehören auch das Anlegen von Gangsystemen und das schnelle Verstecken, wenn Gefahr kommt.

Ein Kaninchen kann schon einmal ganz leicht einen Tunnel anlegen, der 40 m lang ist. Das bedeutet, dass eine Gruppe ein System schaffen kann, welches sich über mehrere Hektar erstreckt. Innerhalb dieses Gangsystems bewegen sich die Kaninchen auch nicht gerade langsam. So können sie dabei schnell Geschwindigkeiten von 40 km/h erreichen.

Ebenso schnell, wie die Kaninchen durch die Gänge rasen, vermehren sie sich auch. So kann ein Weibchen mal eben 10 Jungtiere in einem Wurf bekommen. Danach leben die Kaninchen in dem Verbund ihrer Familie, welche sich wiederum hierarchisch gliedert. Das allein erklärt bereits, warum sie keine Einzelgänger sind und tatsächlich die Gesellschaft ihresgleichen brauchen.

Eine artgerechte Haltung schließt auch bei genügsamen Haustieren genügend Gesellschaft mit ein. Das bedeutet für Kaninchen, dass sie mindestens einen Artgenossen brauchen. Mindestens wiederum bedeutet, dass mehrere Artgenossen besser sind als einer. Das bedeutet, wenn du dir Zwergkaninchen zulegst, besorg dir mindestens zwei, doch mehr als zwei ist eindeutig besser.

Wenn du dir mehr Kaninchen zulegst, musst du dich auf Rangeleien gefasst machen und das liegt einfach daran, dass die süßen Hoppler zwar süß sind, doch einer strikten Rangordnung folgen und Rangordnung wiederum bedeutet, dass sie diese auskämpfen müssen. Wenn es also zu Meinungsverschiedenheiten zwischen den süßen Tierchen kommt, und das wird es, dann fliegen die Fetzen. Hier solltest du nur dann eingreifen, wenn das Leben oder die Gesundheit eines der Beteiligten gefährdet ist. Ansonsten ist es einfach eine natürliche Sache, die ausgefochten werden muss. Wenn du zwei Böcke hast, musst du viele Rangeleien erwarten. Besser ist es, Weibchen zur Gruppe hinzuzugeben. Diese dämpfen das Kampfverhalten ein wenig. Ebenso ist es okay, Geschwisterpaare aufzunehmen. Auch hier gibt es weniger Auseinandersetzungen. Nur Weibchen zu halten, wiederum bedeutet einen Zickenkrieg und ist auch nicht zu empfehlen.

An dieser Stelle sollten wir auch einmal einen Blick auf das Futter werfen. Der Blick ist jedoch nur kurz, denn wir folgen später mit einem richtigen Kapitel dazu. Wenn wir uns jedoch mit der Haltung beschäftigen, brauchen wir auch ein wenig Nahrung.

So wie ein Mensch, so hat auch ein Kaninchen einen Verdauungstrakt. Dieser ist jedoch nicht unbedeutend, denn er macht als Wenigstes ein Fünftel des Körpergewichtes aus. Wichtig für den Verdauungstrakt ist es, ständig Futter zugeführt zu bekommen. Nur so kann er seine Funktion auch wirklich ständig und immer im richtigen Rahmen aufrechterhalten.

Kaninchenfutter beinhaltet viele Fasern. Deren Anteil sollte bei ungefähr 30 Prozent liegen. Das bedeutet, dass Frischfutter aus Gräsern, Wildkräuter, Löwenzahn, Ringelblumen, Kamille usw. ideal sind. Auch Heu sollte sich in diesem Mix befinden. Für den Winter legst du dafür am besten einen Vorrat aus Trockenfutter an. Dazu kommen Blattgemüse und Küchenkräuter, darunter befinden sich der Blattspinat, die Kohlrabiblätter und der Eisbergsalat.

Heu ist etwas, das den Kaninchen immer zur Verfügung stehen sollte. Dazu kommen auch sogenannte Kaninchenfuttermischungen, die du im Laden kaufen kannst. Darüber hinaus kannst du mit Fenchel, Kohl und Karotten arbeiten. Als Leckerlis bieten sich Äpfel und Beeren an, doch sie sind nicht die Hauptnahrung und sind dementsprechend nur begrenzt darzureichen.

Was ist besser? Drinnen oder draußen?

Wir haben es schon angesprochen, Zwergkaninchen sind genügsame Haustierchen, doch sie brauchen auch ordentlich Platz und viel Auslauf. Dabei muss das natürliche Bauen von Tunneln mit dem natürlichen Wunsch, sich im Freien aufzuhalten, in Einklang gebracht werden. Dazu kommt noch der Schutz vor anderen Tieren, was auch Raubvögel mit einschließt.

Die Antwort, das Ideal, ist die Unterbringung in einem Stall. Das bedeutet, die Tierchen haben ein Gebäude als Rückzugsort und einen Auslauf. Der Auslauf im Freien ist am Wichtigsten für das allgemeine Wohlbefinden. Darum ist die Haltung in einem Freigehege einer Wohnung vorzuziehen.

Erfolgt die erstmalige Außenhaltung über das Frühjahr und den Sommer hinweg, dann sind die Kaninchen gut angepasst. Dann können sie auch den Winter gut überstehen. Dabei brauchen sie aber im Sommer wie im Winter ordentliche Ställe, um sich zurückzuziehen und auch extreme Wetterphasen zu überstehen.

Das Gehege beginnt mit einer Stallhütte. Diese sollte für mehrere Tiere ausgelegt sein und dabei pro Tier mindestens 40 cm mal 40 cm aufweisen. Das bedeutet, bei drei Tieren sollte sie eine Grundfläche von 120 cm mal 120 cm aufweisen. Die Stallhütte braucht ein Dach und natürlich muss sie gegen die Knabberei der Bewohner gesichert sein. Dazu kommen noch eine Wärmedämmerung und eine Isolierung gegen Frost.

Kaninchen mögen die Natur, aber nicht die direkte Einstrahlung der Sonne. Daher sollte viel Schatten vorhanden sein und das Gehege insgesamt und der Stall insbesondere gut belüftet werden. Wichtig ist der Schutz gegen Angriffe von Füchsen, Mardern und Raubvögeln. Das bedeutet, dass es keine ungeschützte Oberseite gibt, sondern mindestens ein Schutz aus Maschendraht vorhanden ist.

Das Gehege nebst Stall muss so gelegen sein, dass sie einen Platz für das Wasser und das Futter bieten, der einfach nicht einfrieren kann. Das bedeutet, unbeeinflusst vom Wetter, muss eine frostfreie Zone bereitstehen. Die gleiche Zone muss auch im Sommer vor der Sonne geschützt werden.

Werden die Kaninchen in der Wohnung gehalten, muss das Gehege groß genug sein und ein ganzes Zimmer zur Verfügung stehen. Ein Käfig ist keine, absolut keine und überhaupt keine Lösung, denn dieser ist für die Kaninchen einfach immer zu klein. Ein Gehege muss pro Kaninchen mindestens zwei Quadratmeter Fläche auf dem Boden aufweisen. Das Zimmer dient dann als Freilauf. Dabei muss alles in dem Zimmer sicher gegen die Knabberattacken sein und es darf vor allem keine Gefahr eines Stromschlages bestehen. Wenn es sein muss, kann der Auslauf durch kleine Absperrungen eingeschränkt werden, doch hier muss die Sprungfähigkeit von 70 cm berücksichtigt werden.

Das stubenreine Kaninchen

Kaninchen, und das ist der große Vorteil, sind von Natur aus sehr reinliche Lebewesen. Sie wollen ihr Gehege und ihren Lebensbereich insgesamt nicht beschmutzen. Diesen Drang kannst du ausnutzen, indem du ihnen eine bessere Alternative bietest und diese Alternative ist eine Toilettenecke.

Es liegt einfach an dir. Du kannst den Kaninchen ein Kaninchenklo bieten, ähnlich einem Katzenklo. Sobald die Kaninchen dieses entdeckt haben, werden sie es, wie eine Katze, lieber benutzen, als ihren Lebensraum zu verunreinigen. Das erleichtert auch die Gehegereinigung. So kannst du deine tägliche Reinigung auf das Klo beschränken und brauchst den Rest nur zweimal pro Woche anzugehen.

Ein Kaninchenklo ist eine kleine Schüssel oder eine Plastikwanne. In diese kommen Holzpellets, Mais- oder Hanfstreu. Schon werden die Kaninchen diesen Platz lieber als einen anderen Ort frequentieren. Das Problem ist jedoch nach wie vor das Setzen von Duftmarken, was ihnen von der Natur aus innewohnt. Dies wird bei Männchen nicht aufhören, egal, welches Klo und welches Training du ihnen bietest.

Die Einrichtung

Die Einrichtung beginnt mit einer Raufe für das Heu. Diese muss knabbersicher sein und dort kann das Heu sauber gelagert bleiben. Dazu kommen die Näpfe für das Futter und das Wasser sowie etwas zum Spielen. Die Spielzeuge sind Äste und Zweige. Hier musst du darauf achten, dass diese ungiftig sind. Die Kaninchen werden sie nämlich anknabbern. Die richtigen Äste und Zweige bekommst du im Fachhandel oder du folgst unseren Informationen hinsichtlich der Giftigkeit in einem späteren Kapitel.

Ein kleines Häuschen aus Holz und Kork erfüllt gleich einen dreifachen Zweck. Als Erstes bietet es einen Unterschlupf, falls die Kaninchen etwas Bedrohliches bemerken. Dann dient es als Nachtquartier, das die Höhle ersetzt. Hier können die Kaninchen sich wohlfühlen und schlafen. Zuletzt bietet es auch einen Aussichtsort, denn deine Hoppler können auf das Dach klettern und sich umsehen.

Dazu kommen Röhren, Rampen und erhöhte Flächen, also alles, was die Kleinen dazu bringt, sich damit zu beschäftigen, und die Zeit damit zu verbringen. Dazu kommt eine Ecke zum Buddeln und immer auch ein wenig Heu, damit für die Verdauung gesorgt ist.

Ein Kaninchen, das nicht beschäftigt ist, geht ein. Es folgen psychische und physische Schäden. Auf der anderen Seite ist ein richtig ausgelastetes Kaninchen agil, es ist fit, gesund und es freut sich am Leben. Die Spielzeuge, die Kaninchen benötigen, sind sehr einfach zu bekommen. Da sind verschiedene Spielzeuge für Kinder, die sich zweckentfremden lassen und dazu eine Menge alltäglicher Gegenstände.

Die alltäglichen Gegenstände sind das eigene Futter, welches sich verstecken lässt, um das Spiel als solches in den Vordergrund zu rücken, verschiedene Röhren und Kartons. Dazu kommen auch noch diverse Intelligenzspielzeuge, die sich in Zoohandlungen für Kleintiere erwerben lassen.

Kaninchen sind sehr clever. Sie werden die Futtersuche schnell bewältigen und auch die verschiedenen Spielzeuge sehr schnell erforscht haben. Auch sind ihnen Hindernisse zum Überspringen sehr willkommen.

Das Kaninchen als Schmusetier

Kaninchen sind zahm. Sie sind dir ein echter Freund und sie vertrauen dir. Du kannst mit ihnen spielen, sie streicheln und sie lieb haben. Doch, und das ist wichtig, all das hängt davon ab, dass du ihnen ein gutes Leben bietest. Bekommen sie das nicht, werden sie verhaltensgestört. Dann beißen sie, sie sind vielleicht scheu und sie sind alles in allem keine Schmusetiere mehr. Selbst das einfache Hochheben bedeutet Stress für sie. Daher solltest du ein Kaninchen niemals hochheben, es sei denn, es besteht eine Notsituation. Solange du deine Kaninchen richtig behandelst, sind sie deine willkommenen Schmusetiere. Behandelst du sie jedoch falsch, werden sie weit weniger schmusefreudig sein.

Die Pflege für deine Kaninchen

Kaninchen sind im Grunde genommen pflegeleicht, das bedeutet jedoch nicht, dass sie keinerlei Pflege benötigen. Darum musst du dich auch dahin gehend vorbereiten, ihnen die Pflege angedeihen zu lassen, die sie tatsächlich auch benötigen.

Die richtige Pflege beginnt mit der Kürzung der Klauen. Während diese in der Natur von allein kurz bleiben, werden sie daheim kaum beansprucht. Dann must du, also als Halter des Kaninchens, eingreifen und die Natur ersetzen. Das bedeutet, wenn die Klauen zu lang werden, musst du sie kürzen.

So wie die Klauen, so wachsen auch die Zähne ständig nach. Das bedeutet, auch hier musst du kontrollieren und darauf achten, dass die Zähne nicht zu lang werden. Wenn dies geschieht, dann drohen auffällige und falsche Verhaltensweisen und dazu noch Probleme bei der Aufnahme der Nahrung. Hierzu ist auch ein Gang zum Tierarzt anzuraten, da dieser am besten weiß, wann die Zähne zu lang sind.

Dann gibt es auch Besonderheiten hinsichtlich der Länge des Felles zu beachten. Sind deine Kaninchen mit einem Kurzhaarfell ausgerüstet, dann können sie es allein pflegen. Ist es jedoch zu lang, dann drohen Verfilzungen. Dann musst du eingreifen und das Fell mit guten Waschmitteln reinigen. Im Zweifelsfall empfiehlt es sich, einen Haarschnitt vorzunehmen. Das kannst du mit einer Schere oder mit einem professionellen Trimmer erledigen. Letzteren findest du im Zoofachhandel. Übrigens ist ein Bad keine gute Idee. Dieses bedeutet eine Gefahr für die Gesundheit und sollte nur dann angewendet werden, wenn das Tier zum Beispiel von Parasiten befallen oder anderweitig mehr als normal verschmutzt ist.

Der Kaninchenstall

Ein Kaninchenstall ist die beste Methode, ein Kaninchen zu halten. Dabei muss der Stall der Natur der Kaninchen Rechnung tragen und das bedeutet, sie brauchen viel Freiheit und viel Platz. Kurz gesagt, die Größe des Kaninchenstalls, aber auch dessen Einrichtung, sorgen für die Lebensqualität deiner Hoppler und sie entscheiden darüber, ob diese artgerecht oder aber entgegen ihrer Natur untergebracht sind. Artgerecht wiederum bedeutet, dass sie sich wohlfühlen und du mit ihnen viel Freude haben wirst. Entgegen ihrer Natur bedeutet, dass sie Verhaltensauffälligkeiten zeigen, und dass sie eben nicht die Kuscheltiere sind, die du dir wünschst. Kurz gesagt fühlt sich das Kaninchen wohl, kannst du kuscheln. Fühlt es sich nicht wohl, hast auch du keine Freude an dem Hoppler.

Stall oder Käfig?

Nun hast du schon bis hierher gelesen, daher weißt du nun, dass diese Frage nicht einfach so dahingesagt ist oder keine Bedeutung hat. Vielmehr ist es die entscheidende Frage über das Wohlergehen des Kaninchens und seine Eignung als Kuscheltier.

Ein Käfig ist schnell im Handel gekauft. Ein Gehege daheim, ein Stall ganz und gar dagegen bedarf Einiges an Vorbereitung und du musst dich selbst einbringen. Da klingt ein Käfig doch einfach und verlockend. Er ist es auch, für dich, aber nicht für das Kaninchen. Die Käfige sind für ein Kaninchen viel zu klein. Sie sind okay, wenn es darum geht, das Kaninchen von einem Ort an einen anderen zu bringen, doch das war es schon. Sie sind nicht als Lebensraum geeignet und auch als Schlafplatz sind sie nicht das Richtige für deine Kuscheltierchen.

Ein Kaninchen, und das ist wichtig, ist ein wildes Tier. Es ist daher daran gewöhnt, viel Platz und Auslauf zu haben. Ein Käfig läuft all dem entgegen und das ist noch nett formuliert. Du musst dir einfach nur die Bedürfnisse deines Hopplers verdeutlichen. Diese sind Essen, Schlafen, Toilette, okay, aber das ist einfach nicht wahr. Es kommen aber noch Rennen, Springen und das Schlagen von Haken zu dieser Aufzählung dazu. Hast du auch nur ansatzweise das Gefühl, ein Käfig erlaubt dies? Nein, ein Käfig bringt nicht den Raum für diese Aktivitäten mit sich. Das ist aber noch immer nicht alles. Es kommt nämlich noch das Graben von Höhlen und das sich Verstecken vor einer Bedrohung dazu. Ein Käfig hat nichts für ein Kaninchen zu bieten und ist daher kein Lebensraum.

Eine Wohnung, ein Gehege und der Raum dazu, das sind das Mindeste. Besser aber noch ist ein Garten, damit deine Hoppler einen regelmäßigen Auslauf bekommen, oder zumindest ein Balkon. Vergiss aber nicht, den Balkon zuvor ordentlich zu präparieren.

Die Bewegung eines Kaninchens ist von überragender Bedeutung für dessen Psyche, die Ausbildung der Muskeln und die Entwicklung des Knochenapparates. Das ist also nichts, was man einfach so auf die leichte Schulter nehmen kann. Besonders die Wirbelsäule und die daran angehängten Muskeln brauchen viel Training, welches nur die echte Bewegung in der Natur ihnen bieten kann.

Der richtige Standort für den Stall

Ein Gehege für deinen Hoppler kann mobil sein, an einem festen Platz verankert oder ein regelrechter Stall sein. So oder so musst du jedoch darauf achten, dass sich dein Kaninchen an dem Platz, an dem es sich befindet, auch tatsächlich wohlfühlen kann. Dafür muss der Standort verschiedene Bedingungen erfüllen.

Als Erstes musst du wissen, dass ein Kaninchen empfindlich gegenüber Kälte und Hitze ist. Es ist jedoch für ein Kaninchen leichter, eine zu große Kälte zu ertragen, als mit einer zu großen Hitze umzugehen. Das bedeutet für dich, dass generell der Stall oder das Gehege so gelegen sein sollte, dass es gegenüber Frost und Wind geschützt ist. Wenn du dich aber entscheiden musst, ob du es dort aufstellst, wo es mehr Schatten hat oder dort, wo es weniger Kälte gibt, dann wähle den Schatten. Es ist die Sonne, die den Tieren mehr zu schaffen macht als die Kälte.

Ein Kaninchen, welches einmal einen Auslauf auf einer Wiese bekommt, sollte diese trocken vorfinden. Das haben wir hier schon erwähnt. Wenn du aber deine Hoppler permanent mit einem Gehege draußen beglückst, solltest du hinsichtlich der Nässe eine andere Regel anwenden. Danach ist ein kurzer

Regenguss kein Problem für ein Kaninchen, welches an das Leben im Freien gewöhnt ist. Ein Regenguss unterscheidet sich jedoch von einer dauerhaften Nässe. Der größte Teil des Geheges sollte so geschützt sein, dass ihm auch ein langer Regen nichts anhaben kann, was auch die Einstreu mit einschließt. Diese sollte nämlich im Normalzustand einfach nur trocken sein. Ist sie nass, vor allem wenn dies ein dauerhafter Zustand ist, dann drohen dem Kaninchen Erkältungen und andere Erkrankungen.

Kaninchen reagieren auch empfindlich auf Durchzug bzw. einen kalten Wind. Daher sollte das Gehege so gelegen sein, dass sich der größere Teil davon in einem windgeschützten Gebiet befindet. Ist das von Haus aus nicht gegeben, kannst du auch einfach einen Windfang errichten, damit deine Hoppler nicht krank werden.

Neben dem Wind reagieren die Kaninchen auch empfindlich auf Geräusche. Das bedeutet, dass du einen Standort wählen musst, der möglichst ruhig ist. Zwischen dem Gehege und der Straße sollte sich ein Lärmfang, zum Beispiel dein Haus oder eine Hecke, befinden.

Kommen wir auch für einen Moment zu deiner Bequemlichkeit. Du hast dich für einen Stall entschieden? Du hast alles so in deinem Geiste vorbereitet, dass der Aufbau des Geheges kein Problem mehr darstellt? Sehr gut! Hast du jedoch auch für nur einen Moment an dich gedacht? Das Problem ist, dass du dich um deine Hoppler kümmern musst. Diese aber brauchen dich öfters, als du denkst. Du musst ihnen frisches Heu liefern, nach dem Rechten sehen, die Einstreu auswechseln und dann sind da noch die Streicheleinheiten. Damit nicht jeder Gang zu den Kaninchen in eine Safari ausartet, sollten sie sich möglichst dicht am Haus befinden. Dann kümmerst du dich auch automatisch mehr um sie, weil es dir ganz einfach leichter fällt.

Auf die Größe kommt es an

Ein Kaninchenstall ist erst dann richtig, wenn er auch die nötige Größe für die Kaninchen aufweist, die ihn bewohnen sollen. Dazu hat die Vereinigung der Tierärzte eine Mindestanforderung herausgegeben, die auch dir einen Anhaltspunkt geben sollte. Die Größe richtet sich nach der Kaninchenart und nach deren Anzahl. Dabei gilt für das Zwergkaninchen von mindestens einem Kilogramm Gewicht, dass hier ein Käfig für ein einzelnes Kaninchen 65 cm lang, 70 cm breit und 50 cm hoch sein sollte. Nun ist es jedoch nicht richtig, nur ein Kaninchen allein zu halten. Daher ist die Größe an die Anzahl der Kaninchen anzupassen und dazu gehört es auch, die Höhe der Absperrung auf mindestens 75 cm anzuheben, damit die Kaninchen sie nicht einfach überspringen können.

Nach der Größe kommt die Einrichtung

Hast du die richtige Größe, dann kommt es nun auf die Einrichtung an. Dazu gehört vor allem ein Spender für Wasser und Futter. Diese solltest du erhöht aufstellen oder an das Gitter hängen. Verwendest du Trinkröhrchen für das Wasser, dann müssen diese immer wieder gereinigt werden, weil sich sonst Keime bilden können, die dann deine Hoppler infizieren. Stellst du das Wasser in einer Schale in den Käfig, dann musst du auch diese Schale regelmäßig reinigen. Wichtig ist es, nach dem Reinigen der Röhrchen oder der Schale, sicherzustellen, dass sich keine Seifenreste mehr darin befinden, weil diese auf lange Sicht giftig für deine Tierchen sind.

Ein Futternapf sollte vor allem schwer sein, also aus Stein oder Keramik bestehen. Das verhindert, dass er einfach umgeworfen wird und seinen Inhalt in dem Gehege verteilt. Er sollte erhöht platziert werden. Dies kann auf einem Häuschen mit einem flachen Dach geschehen oder auf einer anderen erhöhten Ebene, die du im Gehege eingerichtet hast. Das verhindert auch, dass das Kaninchen die Einstreu in das Futter schubst.

Heu ist das gefundene Fressen für deine Hoppler. Daher solltest du eine Raufe damit innerhalb des Geheges anbringen. Verwendest du keine Raufe, dann wist du schnell entdecken, dass deine Hoppler ihre Heuration überall im Gehege verteilt haben. Anders ausgedrückt, damit das Heu auch seiner Bedeutung gerecht werden kann, musst du es mit einer Raufe vor dem Verteilen beschützen. Die Raufe kannst du an das Gitter hängen und die Hoppler können es dann in den Käfig hineinziehen. Wichtig ist jedoch, die Raufe so auszuwählen, dass sich die Tierchen nicht darin verfangen können, damit es zu keinen Verletzungen kommt.

Kommen wir zum Häuschen. Dieses hat eine überragende Bedeutung und darf auf keinen Fall fehlen, denn dies ist das, was dem Kaninchen die Erfahrung einer Höhle am deutlichsten wiederbringt. Sobald dein Hoppler in der Natur eine Gefahr bemerkt, wird er die Flucht ergreifen und sich in seine Höhle zurückziehen. In deinem Gehege gibt es jedoch keine Höhle. Daher ist es das Häuschen, welches deinem Kaninchen die Höhle ersetzt. Selbst wenn dein Hoppler nie die echte Natur kennengelernt hat, verfügt es dennoch über den Instinkt, zu fliehen und sich zu verstecken. Das Häuschen dient dann dazu, ihm ein Gefühl von Sicherheit zu geben. In dem Haus ist es geborgen und dieses Gefühl kannst du noch verstärken, indem du dem Haus zwei Eingänge gibst. Dann bleibt dem Kaninchen auch innerhalb seines Baus noch ein Fluchtweg offen.

Das Häuschen ist aber nicht nur ein Rückzugsort in der Not, egal ob diese nur wahrgenommen wurde oder Wirklichkeit ist. Es ist auch ein allgemeiner Ort, an dem sich dein Hoppler einrichten kann. Daher sollte es ausreichend groß sein, was besonders dann von Bedeutung ist, wenn sich mehr als ein Kaninchen im Gehege befindet, denn dann finden sie alle zugleich Platz in dem Häuschen.

Besonders gelungen ist das Häuschen, wenn es über ein flaches Dach verfügt. Dann kann es zugleich als Aussichtspunkt dienen. Vergiss nicht, dass sich die kleinen Hoppler gern aufrichten und in der Gegend umsehen. Das flache Dach auf dem Häuschen ist die willkommene Chance dafür.

Kommen wir zum Boden des Geheges. Dieser braucht Einstreu, denn dann bleibt er trocken, ist locker und auch der Urin wird aufgesaugt. Auch die Knötel, die die Kaninchen immer wieder gern fallen lassen, verlieren sich darin und es ist wichtig, nur natürliche und unbehandelte Materialien zu verwenden.

Das Futter

Kaninchen sind Vegetarier, sie ernähren sich von Pflanzen, welche im Gegensatz zu Fleisch keinen großen Energiewert haben. Dem steht jedoch der hohe Energieverbrauch der Hoppler entgegen. Das bedeutet, Kaninchen sind den ganzen Tag damit beschäftigt, Nahrung aufzunehmen, um ihren Energiebedarf zu decken. Dementsprechend muss ihnen die Nahrung auch rund um die Uhr zur Verfügung stehen.

Die Ernährung allgemein

Kaninchen sind genügsam. Was die Pflanzen anbelangt, können sie diese sowohl frisch als auch getrocknet zu sich nehmen. Natürlich ist frisch besser, doch das steht eben nicht das ganze Jahr über zur Verfügung.

Während du die Ernährung deiner Hoppler gern variieren kannst, brauchen sie ständig Heu als die Grundlage einer für sie gesunden Ernährung. Wichtig ist also, ihnen ständig Heu anzubieten. Übrigens kannst du gern für dich mal einen Fastentag einlegen. Das ist auch bei anderen Haustieren, die Fleischfresser sind, nicht unbedingt bedenklich. Für die Kaninchen jedoch kommt dies nicht infrage. Sie brauchen einen ständigen Nachschub an Nahrung und das jeden Tag.

Um die Gesundheit deiner Kuscheltiere zu gewährleisten, sollte ihre Ernährung schön abwechslungsreich ausfallen. Heu bildet zwar die Basis, ist aber bei Weitem nicht das einzige Nahrungsmittel für deine Hoppler. So brauchen sie Gras, wenn möglich frisch, Kräuter und Salat. Der Anteil der Kräuter und der Salate liegt bei rund 70 % der Ernährung. Dazu kommt noch Gemüse, welches sich mit 20 % zu Buche schlägt und Obst, welches 10 % der Ernährung ausmacht. Darüber hinaus kommt noch was zum Knabbern, weil dies eben eine der Lieblingsbeschäftigungen der Zwergkaninchen ist. Dafür lassen sich zum Beispiel Zweige gut verwenden.

Neben der richtigen Art des Futters kommt es auch auf die richtige Menge der Nahrung an. Diese berechnet sich nach dem Gewicht der Tiere. Pro Kilogramm Körpergewicht solltest du 200 g Futter zur Verfügung stellen. Das Heu kommt dann noch extra und zählt nicht in diese Rechnung.

Auch auf die Qualität der Nahrungsmittel solltest du ein Auge haben. So muss das Futter grundsätzlich frei von Pestiziden und anderen Chemikalien sein. Sammelst du das Futter selbst ein, dann nimm es nicht vom Straßenrand. Dort unterliegt es nämlich einer starken Belastung durch die Abgase der Autos, welche sich dann in den Pflanzen ansammeln und die dann in den Körper deiner Hoppler gelangen würden.

Wenn du auf Gras aus bist, dann kann dieses ruhig noch die Wurzeln und auch ein paar Reste von Erde enthalten. Du solltest jedoch darauf achten, deinen Kaninchen neues Futter, also eine neue Sorte Gras oder Gras von einem anderen Ort, nicht einfach so in großen Mengen zu geben. Die Tierchen reagieren empfindlich darauf und würden Durchfall bekommen. Wenn du ihre Nahrung umstellen willst, solltest du ihnen zuerst weiter die alte Nahrung verabreichen und dabei immer mal wieder ein Blatt aus der neuen Nahrung mischen. So kannst du den Anteil der neuen Nahrung langsam erhöhen, während du zugleich den Prozentsatz der alten Nahrung reduzierst. Auf die gleiche Weise kannst du deine Kaninchen auch an Kohl gewöhnen und diesen dann verfüttern.

Natürlich gibt es auch Futter, welches für die Hoppler ganz und gar ungeeignet ist. Dazu gehört zum Beispiel jede Form von Gebäck. Darüber hinaus vertragen sie auch keine Leckerlis, die Zucker enthalten und irgendwelche Reste deines Mittagessens sind ebenfalls tabu.

Manche Halter verfüttern Körnerfutter, denn es ist voll von Energie und damit ein echtes Kraftfutter. Das ist jedoch bei einer normalen Fütterung, die aus frischen Gräsern besteht, nicht nötig. Auf der anderen Seite ist ein solches Kraftfutter aus Körnern immer dann gut, wenn die Kaninchen geschwächt sind. Das ist zum Beispiel dann der Fall, wenn sie krank oder trächtig sind oder wenn sie Nachkommen säugen. Ebenfalls ist Kraftfutter zu empfehlen, wenn die Kaninchen draußen gehalten werden und der Winter kommt. Dann brauchen sie die extra Energie, um sich gegen die Kälte zu wehren.

Das Kraftfutter sollte hauptsächlich aus getrockneten Kräutern mit einer Beigabe aus Getreide und Gemüse bestehen. Getreide ist übrigens für die kleinen Hoppler ein echtes Leckerli, welches sie gern naschen. Du solltest es jedoch damit nicht übertreiben, denn zu viel davon ist für die Kaninchen ebenso ungesund, wie auch dem Menschen zu viel Schokolade nicht guttut.

Wer viel isst, muss auch viel trinken. Das gilt ebenso für deine Hoppler. Daher solltest du ihnen immer und jederzeit Trinkwasser zur Verfügung stellen. Wie viel Wasser sie tatsächlich benötigen, schwankt jedoch mit der Nahrung, die sie erhalten und die Menge liegt zwischen 40 ml und 100 ml pro Tag.

Das Wasser bietest du ihnen am besten in offenen und vor allem stabilen Näpfen an. Dann könne sie diese nicht umwerfen und jederzeit daraus ihren Durst löschen. Das Wasser solltest du jeden Tag auswechseln und nicht einfach nur nachfüllen, wenn sie etwas getrunken haben. Ebenso musst du die Näpfe selbst jeden Tag reinigen. So verhinderst du, dass sich Bakterien festsetzen und deine Kuscheltierchen infizieren können. Neben diesen Näpfen kannst du ihnen auch noch Wasser über eine Tränke, zum Beispiel einen Wasserspender, darreichen, den du von außen am Gitter angebracht hast. Dieser ist natürlich ebenso zu reinigen und das Wasser darin täglich auszuwechseln.

Wichtig für die Kaninchen ist es auch, ständig ihre Zähne abzunutzen. Das liegt daran, dass sowohl die Schneide- als auch die Backenzähne der Hoppler ständig wachsen. Damit diese nicht zu lang werden, müssen sie benutzt werden, was bedeutet, die kleinen Kaninchen müssen kauen, kauen und kauen. Hier sind besonders Heu und andere rohfaserhaltige Nahrung von Bedeutung. Darüber hinaus eignen sich Zweige, Äste und Rinden. Was dagegen weniger gut ist, ist Brot. Dieses ist reich an Energie, sodass die Kaninchen schnell satt sind und mit dem Essen bzw. Kauen aufhören. Dazu kommt, dass Brot Getreide und noch dazu Zucker enthält.

Werden die Zähne zu lang, dann können die Kaninchen nicht mehr richtig fressen und sie empfinden Schmerzen. Dann musst du mit ihnen zu einem Tierarzt gehen. Das Gleiche gilt auch, wenn bei ihnen eine angeborene Fehlstellung der Zähne vorliegt.

Frischfutter

Im Prinzip lässt sich alles verfüttern, was Gras, Kräuter und Salate darstellt. Doch es gibt einige Fälle, bei denen du etwas vorsichtiger sein musst. So ist zum Beispiel die Ackerdistel und das Ackerhornkraut kein Problem für die kleinen Hoppler. Basilikum und Beifuß solltest du jedoch nur in kleinen Mengen verabreichen.

Das Hirtentäschelkraut sollte nicht an trächtige Tiere verfüttert werden. Es ist nämlich in der Lage, Wehen auszulösen und damit eine verfrühte Geburt einzuleiten. Kamille wiederum ist zwar an sich gesund, sollte aber nur selten verfüttert werden, um mit ihrer Wirkung den Körper der Tiere nicht zu überlasten. Koriander ist an sich unbedenklich, doch die Tierchen müssen sich erst langsam daran gewöhnen. Daher solltest du ihn nur langsam und nach und nach der Ernährung beimischen.

Salate sind sehr gut für die Tiere. Sie bieten keinen zu hohen Kaloriengehalt, dafür aber die Nährstoffe, die die Hoppler brauchen. Besonders gut geeignet ist ein Eichblatt- oder Eisbergsalat. Dazu kommen der Endivien- und der Feldsalat. Mit dem Endiviensalat solltest du aber etwas vorsichtiger umgehen, da er für die Kaninchen harntreibend ist.

Sonnenblumen kannst du auch verfüttern, hiervon aber nur die Blüten und die Blätter. Ebenfalls Schafgarbe, doch hier musst du vorsichtig sein, dass du sie nicht mit Schierling und Rainfarn verwechselst, denn die beiden sind für deine Kaninchen sehr giftig.

Gemüse

An Gemüse hast du eine reiche Auswahl, welche du an deine Kaninchen verfüttern kannst. So ist zum Beispiel die Aubergine, als reife Frucht und ohne Grün, in geringeren Mengen gut geeignet, den Ernährungsplan aufzufrischen. Champignons sind im Grunde genommen auch gut, doch sie sind oftmals schwer verträglich und sollten daher ebenfalls nur in geringen Mengen verfüttert werden.

Was die Kaninchen sehr gut vertragen, ist Chicorée und Fenchel. Vom Chicorée solltest du jedoch die äußeren Blätter zuerst entfernen. Fenchel wiederum kannst du komplett mit allem Grün verfüttern. Hierbei musst du jedoch wissen, dass er den Urin verfärben kann. Das ist jedoch unbedenklich und du musst dich einfach nur darauf einstellen, damit du keine Erkrankung bei deinen Haustierchen vermutest.

Gurken sind an sich gut geeignet, denn sie verfügen über einen hohen Wassergehalt. Praktisch jedoch musst du mit ihnen etwas vorsichtiger umgehen und sie nur in kleinen Mengen beimischen, denn sie können Durchfall verursachen, wenn deine Kaninchen zu viel davon essen.

Karotten sind für Kaninchen ein sehr gutes Fresschen. Du solltest sie mit dem Grün verfüttern, dann enthalten sie auch sehr viel Kalzium. Karotten können übrigens auch den Urin verfärben.

Kohl, wie Brokkoli, Chinakohl oder Blumenkohl sollte allesamt erst nach einer Gewöhnungsphase richtig verfüttert werden. Darüber hinaus können sie Gase bilden, sodass du es damit in der Menge nicht übertreiben solltest.

Spargel und Spinat sind nur in kleinen Mengen empfehlenswert. Besonders der Spargel ist dabei noch sehr harntreibend, sodass du besonders viel Wasser anbieten solltest. Ganz und gar nicht zu empfehlen sind alle Zwiebelgewächse, wie Porree, Zwiebeln und Schnittlauch sowie Hülsenfrüchte, wie zum Beispiel Linsen. Kartoffeln, Rhabarber und Zuckerrüben sind ebenfalls tabu.

Obst

Äpfel und Aprikosen kannst du gern, aber immer nur ohne Kerne, verfüttern. Ananas solltest du nur geschält verabreichen und nur in geringen Mengen, da sie sehr viel Zucker enthält. Bananen sind auch nur etwas für hin und wieder, denn sie enthalten Zucker und darüber hinaus haben sie auch noch eine stopfende Wirkung.

Birnen kannst du auch immer mal wieder verfüttern, doch auch hier gilt, keine Kerne zu verfüttern und sie sind sehr zuckerhaltig. Das Gleiche gilt für Kiwi und Wassermelonen. Bei Wassermelonen kommt noch dazu, dass sie sehr stark harntreibend sind.

Mandarinen und Orangen sind nur sehr selten als Nahrung geeignet. Das liegt einfach daran, dass beide Früchte in der Lage sind, die Schleimhäute der Hoppler zu reizen und darüber hinaus sorgen sie für einen sehr sauren Urin.

Äste und Zweige

Auch bei Ästen und Zweigen kommt es auf die richtige Wahl an. So kannst du zum Beispiel den Ahorn nur in kleinen Mengen anbieten. Dabei musst du aber zuvor noch die Blüten und die Blätter entfernen. Die Äste und Zweige der Apfel- und Birnbäume sind dagegen immer und gut verträglich.

Die Birke und die Buche kannst du nur hin und wieder verwenden. Das liegt daran, dass die Äste und Zweige sowie die Blätter beider Bäume säurehaltig sind. Ebenfalls kannst du nur selten auch mal einen Erlenzweig benutzen. Fichte wiederum geht immer, dann aber nur in geringen Mengen. Das liegt an den ätherischen Ölen, die in ihr enthalten sind.

Haselnuss-, Johannisbeer- und Heidelbeersträucher sind unbedenklich. Diese kannst du in jeder Menge und immer deinen Tierchen anbieten. Linde, Pappel und Quitte dagegen sind wieder nur in kleinen Mengen erlaubt. Dazu kommt noch die Kiefer, die nur in geringen Maßen angeboten werden sollte, denn auch sie enthält ätherische Öle.

Absolut ungeeignet sind die Äste und Zweige von Kirsch- und Pflaumenbäumen. Dazu kommen noch Eiben, Eichen und Kastanien. All diese Bäume würden deine Kuscheltiere nur krankmachen und sollten daher überhaupt nicht verwendet werden.

Das Kuscheltierchen

Kaninchen sind kleine, liebe Kuscheltiere. Sie sehen niedlich aus und sie sind süß, wenn sie spielen. Sie sind keine Raubtiere, keine Kämpfer, zumindest nicht mit anderen Tierarten, und keine großartigen Erkunder. Das bedeutet, du musst sie hegen und beschützen.

Kaninchen haben ihre Eigenheiten und dazu gehört, dass sie von Natur aus schreckhaft sind. Sobald sie eine Gefahr wahrnehmen, verschwinden sie in ihrer Höhle oder in deinem Gehege in ihrem Häuschen. Am Anfang werden sie auch dich als Gefahr einstufen, denn sie kennen dich nicht. Daher solltest du ganz besonders am Anfang nur sehr langsam zu dem Gehege gehen und auch nicht versuchen, nach ihnen zu greifen.

Du kannst die Kaninchen langsam an dich gewöhnen. Dazu gibst du ihnen das Futter einfach direkt. Das bedeutet jedoch nicht, dass du dir ein Kaninchen schnappst und es dann vollstopfst. Vielmehr hältst du das Futter mit der ausgestreckten Hand zu den Kaninchen hin und bewegst dich nicht. Hab Geduld. Sie werden langsam kommen, das Essen beschnuppern und es dann nehmen. Dadurch gewöhnen sie sich an dich und nehmen dich nach einiger Zeit nicht mehr als potenzielle Gefahr wahr.

Du kannst die Gewöhnung noch verstärken, indem du deine Stimme einsetzt. Sprich einfach langsam und nett mit ihnen. Sie werden dann dich auch dann wiedererkennen, wenn sie dich nur hören und dich dann auch nicht mehr als Bedrohung einstufen.

Wenn du Kinder hast, gewöhne die Kaninchen zuerst an dich. Dann kannst du auch deine Kinder an die Kaninchen und deine Hoppler an deine Kinder gewöhnen. Wichtig dabei ist, deine Kinder nie ohne Aufsicht mit den Kaninchen spielen zu lassen. Auch wenn du denkst, dass deine Kinder über genügend Verantwortungsgefühl verfügen, sind die Kaninchen doch recht empfindlich, wenn man sie falsch behandelt.

Müssen deine Kaninchen zu einem Tierarzt, dann solltest du sie dazu in einen Transportbehälter setzen. Hierfür kannst du einen der handelsüblichen Käfige verwenden. Schieb deine Hand unter die Brust des Kaninchens und die andere unter das Hinterteil. Dann kannst du es mit beiden Händen gemeinsam hochheben. Übrigens, es ist eine Fehlvorstellung, wenn du denkst, du kannst sie an den Ohren hochheben. Diese sind bei den Zwergkaninchen sehr empfindlich und du würdest ihnen starke Schmerzen bereiten.

Das Hochheben und der Transport müssen sehr vorsichtig erfolgen. Schon kleine Stürze aus nur geringen Höhen können dazu führen, dass die Knochen in den Kaninchen brechen. Das bedeutet, du musst sie immer sanft bewegen und darfst sie niemals, niemals fallen lassen.

Ein Transport ist für die Kaninchen immer mit viel Stress verbunden. Da kann es geschehen, dass sie sich bedroht fühlen und sich dann zur Wehr setzen. Das beginnt meist mit angelegten Ohren und einem Fauchen oder Zischen. Wenn du nicht auf diese Zeichen achtest, kann es mit Kratzen und Beißen weitergehen.

Befinden sich deine Tierchen in einer extremen Situation, zum Beispiel, wenn sie starke Schmerzen verspüren oder wenn sie große Angst haben, fangen sie an, durchdringend zu schreien. Außerdem klopfen sie mit den Hinterläufen immer wieder auf den Boden.

Die Freizeitgestaltung

Kaninchen haben viel Freizeit und das bedeutet, sie brauchen viel Beschäftigung. Dafür gibt es Spielzeug und die Einrichtung des Geheges. Darüber hinaus kann auch das Verabreichen der Nahrung zu einem Spiel ausgebaut werden.

Das Spiel der Kaninchen ist auf ihr normales Leben in der freien Natur ausgerichtet. Dort suchen sie sich ihre Nahrung, sie bauen Höhlen und legen ganze Systeme von Gängen an. Dazu kommen Machtkämpfe und die Fortpflanzung. Das Gehege bzw. der Stall muss ihnen nun viel Abwechslung bieten, um dieses freie Leben in der Natur auszugleichen. Freilauf ist dabei sehr wichtig, doch allein noch lange nicht ausreichend. Du brauchst viel mehr, damit sich deine Hoppler nicht langweilen.

Das Buddeln und das Graben

Die absolute Lieblingsbeschäftigung für ein Zwergkaninchen ist das Buddeln von Gängen. Das bedeutet, du musst deinen Hopplern in ihrem Gehege eine Möglichkeit bieten, diesen Trieb, zu buddeln und zu graben, auszuleben.

Bei einer Haltung draußen erscheint dies einfacher, doch auch hier musst du etwas einbauen. Du willst nicht, dass sich deine Kaninchen ins Freie graben, daher brauchst du einen Durchgrabeschutz. Dieser kann aus einem Maschendrahtzaun bestehen, den du ein paar Zentimeter unter der Oberfläche im Gehege anbringst. Alternativ kannst du auch Steinplatten eingraben. Dieser Schutz sorgt nicht nur dafür, dass deine Hoppler nicht ausbüxen können, er verhindert auch, dass sich Raubtiere zu ihnen durchgraben.

Im Gehege innerhalb der Wohnung sieht das mit dem Buddeln schon ein wenig schwieriger aus, doch auch hier gibt es eine Lösung. Diese besteht aus einer Buddelkiste. Dazu nimmst du ein Gefäß, dies kann ein Karton, eine Büchse oder eine flache Schale sein. In das Gefäß gibst du Erde, Sand, alte Handtücher oder irgendwelche Stoffreste. Lass deiner Fantasie freien Lauf. Bald werden sich die Hoppler in die Buddelkiste vorwagen und dort nach Herzenslust graben. Dabei wird natürlich auch immer mal wieder was daneben gehen, doch dann füllst du die Kiste einfach wieder auf.

Tunnel und Labyrinthe

Die Kaninchen buddeln nicht einfach nur, sie legen Tunnel an und diese verbinden sie zu ganzen Systemen, die sich über mehrere Hektar erstrecken. Nun ist dies selbst bei einer Haltung draußen kaum möglich, denn selbst dort gibt es den Schutz gegen das Untergraben. Du musst also für eine andere Lösung sorgen.

Ein Tunnel muss nicht immer unter der Erde sein. Es ist genug, wenn es sich dabei um einen nach allen Seiten abgeschlossenen Gang handelt. Hier kommt deine Fantasie wieder ins Spiel. Nimm alte Kartons oder Kisten bzw. alte Röhren und dann kannst du daraus ein Tunnelsystem für deine Hoppler basteln. Diese werden dann viel Freude daran haben, diese Systeme zu erforschen und sich darin zu verstecken.

Ist dir der Eigenbau zu kompliziert, kannst du auch in eine Zoohandlung gehen. Dort werden dir verschiedene vorgefertigte Tunnel speziell für Kaninchen angeboten. Diese haben bereits die richtige Größe und bestehen aus ungefährlichen Materialien. Du kannst dann daraus deine eigenen Systeme erstellen und damit deine Zwergkaninchen glücklich machen.

Das Spiel mit dem Futter

Kaninchen brauchen ihr Futter, sie lieben es und sie sind damit immer wieder ganz leicht zu einem Spiel zu bewegen. Das Futter bietet dir also die beste Möglichkeit, dafür zu sorgen, dass sie sich nicht langweilen.

Die einfachste Variante ist es, das Futter irgendwo zu verstecken, sodass die Kaninchen zuerst danach suchen müssen. So kannst du alte Rollen von Klopapier dazu nutzen, dort Futter zu verstecken, und diese dann in das Gehege zu legen. Schnell werden die Kaninchen hinter dem Futter her sein.

Eine Spur anspruchsvoller sind Futterlabyrinthe. Diese werden zum Beispiel für Katzen angeboten, lassen sich aber auch ohne Weiteres für Kaninchen verwenden. Je mehr Herausforderung das Labyrinth für die Kaninchen darstellt, desto besser fühlen sie sich.

Ebenfalls gut geeignet sind Snackbälle. Diese Bälle haben eine Öffnung und enthalten etwas Futter. Die Kaninchen müssen nun die Bälle durch das Gehege rollen, bis das Futter herausfällt. Das ist eine echte Herausforderung. Als Futter nimmst du dafür am besten Heu.

Deine Kaninchen sollen noch klüger werden? Dann bring ihnen Futterbäume und Futterleinen. So kannst du zum Beispiel ein Salatblatt mit einer Leine verbunden hoch aufhängen. Die Leine hängt herunter und die Kaninchen müssen nun an der Leine ziehen, bis das Salatblatt zu ihnen herunterfällt. Hierbei solltest du jedoch darauf achten, dass bei diesen Spielen keine Verletzungsgefahr für die Hoppler besteht.

Ein Futterbaum wiederum hält das Futter über die normale Größe der Kaninchen. Sie müssen sich nun strecken und eventuell sogar etwas klettern, bevor sie an ihr Futter kommen. Auch das ist ein Riesenspaß für sie.

Andere Spielzeuge für Kaninchen

Der Zoohandel hält eine reiche Auswahl an Spielzeugen speziell für Kaninchen bereit. Daneben kannst du natürlich deine eigenen Spielzeuge für deine Kaninchen herstellen oder ihnen die Spielzeuge deiner Kinder geben, die diese nicht mehr wollen.

Die Auswahl an Möglichkeiten ist groß, doch du solltest dabei ein paar Dinge beachten. So sollte das Spielzeug aus natürlichen Materialien bestehen, wie zum Beispiel Stoff und Holz. Spielzeug aus Kunststoff ist nicht nur wegen der Umwelt, sondern auch aus Gründen der Giftigkeit nicht geeignet. Neben dem Material musst du auch darauf achten, dass sich deine Kaninchen mit dem Spielzeug nicht selbst verletzen können. Darüber hinaus, wenn sie zum Beispiel auf das Spielzeug klettern sollen, muss dieses so fest verankert sein, dass es nicht umkippt und sich das Kaninchen so die Knochen bricht.

Verwendest du Nägel oder Leim, wenn du die Spielzeuge herstellst, musst du darauf achten, dass die Kaninchen an den Nägeln nicht hängen bleiben. Ebenso dürfen sie den Leim nicht lecken.

Trainiere deine Kaninchen

Was? Das geht? Ja, das geht. Du kannst deine Kaninchen trainieren. Gut, ein Kaninchen ist kein Hund, doch du kannst ihm kleine Tricks beibringen bzw. Tricks, die es ohnehin schon kann, auf Befehl abrufen. Dazu musst du nur ein wenig strategisch vorgehen.

Für das Training brauchst du ein Kommando. Das Problem ist, dass das Kaninchen kaum auf deine Worte hören wird. Leg dir also einen Klicker zu. Dann ist der Klick das auslösende Kommando für eine Übung.

Als Nächstes musst du dein Kaninchen auf den Klicker trainieren. Gib ihm dazu einfach was Leckeres zu futtern und erzeuge dabei einen Klick mit dem Klicker. Das Ziel ist es, dass dein Kaninchen das Klicken mit einem Leckerli verbindet. Ist das geschafft, haben wir das Kommando, den Klick, trainiert. Jetzt brauchen wir noch eine Übung.

Noch mal, ein Kaninchen ist kein Hund und wird daher keine komplizierten Übungen ausführen können. Es kann jedoch Übungen erlernen bzw. ausführen, die ihm als Kaninchen innewohnen. Dies ist zum Beispiel das Aufrichten auf die Hinterläufe, das Herumrollen eines Gegenstandes oder das Buddeln eines Loches bzw. Tunnels. Schau einfach deinem Kaninchen zu und suche dir eine Übung aus, die es ohnehin gern und oft ausführt.

Nehmen wir für unser Beispiel das Aufrichten auf die Hinterläufe. Beobachte dein Kaninchen. Wenn es sich aufrichtet, dann nimmst du den Klicker und klickst einmal. Dann gibst du ihm ein Leckerli. Das wiederholst du, wann immer es sich von allein aufrichtet. Bald hast du das Klicken mit dem Leckerli mit dem Aufrichten verbunden. Dann kannst du deinen Klicker benutzen und dein Kaninchen wird sich auf das Geräusch hin aufrichten.

Beim Training solltest du jedoch auf zwei Dinge achten. Als Erstes solltest du dein Kaninchen nur trainieren, wenn es Lust zum Spielen hat. Zweitens sollte das Training nicht zu lang sein und nur ein paar Minuten am Tag dauern.

Andere Beschäftigungen

Die wichtigste Beschäftigung überhaupt ist das Nagen. Damit können deine Hoppler nicht nur gleich viele Stunden hintereinander zubringen, sie pflegen damit auch zugleich ihre Zähne. Daher musst du ihnen immer wieder neue und frische Äste in das Gehege legen, damit sie was zum Knabbern haben. Achte jedoch darauf, dass du kein Holz verwendest, das für sie giftig ist.

Die Gesundheit

Zur Haltung von Kaninchen gehört natürlich auch die Sorge um ihre Gesundheit. Das brauchen wir dir aber wahrscheinlich nicht erst zu sagen. Dennoch, wer die niedlichen kleinen Hoppler bei sich zu Hause in der Wohnung oder im Garten hat, muss auch immer ein Auge dahin gehend offenhalten, dass auch die kleinen Tierchen einmal krank werden können.

Die beste Vorsorge gegen Krankheiten geschieht über die Ernährung. Gestalte diese abwechslungsreich und vor allem entsprechend der Natur der kleinen Hoppler. Dazu kommen auf jeden Fall noch die Gesellschaft mit Artgenossen und ein Lebensraum, der groß genug ist, damit sie sich frei bewegen können und der all das enthält, was die Kaninchen für eine natürliche Lebensweise brauchen.

Die Kaninchen werden vor allem dann krank, wenn sie allein sind. Darüber hinaus ist Bewegungsarmut ein Problem und selbstverständlich musst du alles vermeiden, was giftig ist, wie chemisch behandeltes Futter oder schlicht die falsche Nahrung.

Das ist ein gesundes Kaninchen

Machst du alles richtig, dann sind deine Kaninchen gesund und das lässt sich leicht an ihrem Äußeren erkennen. Das beginnt mit dem Fell. Ist alles in Ordnung, dann stehen die Haare dicht und sie glänzen. Leidet das Kaninchen jedoch unter einer Erkrankung, dann ist das Fell matt. Liegt ein Befall durch Pilze vor, dann bilden sich auf der Haut Flecken, die entweder rund oder oval sind. Einen Befall durch Milben wiederum erkennst du daran, dass sich auf der Haut schuppige Stellen bilden.

Ein weiterer Indikator ist das Benehmen. Ein gesundes Kaninchen spielt, es erkundet die Umgebung und ist allgemein ganz lebhaft. Kurz, es erfreut sich am Leben und dann weißt du, dass alles in Ordnung ist.

Auch die Augen verraten dir Einiges. Ein gesundes Kaninchen hat glänzende Augen. Sie sind klar und die Ränder sind nicht verklebt. Auch die Nase kann dir zeigen, ob mit dem Kaninchen etwas nicht stimmt. Ein gesunder Hoppler hat trockene Nasenöffnungen und saubere Ohren. Findest du jedoch borkige Beläge vor, dann kann das darauf hindeuten, dass dein Kaninchen unter Ohrräude leidet.

Der Hintern, genauer genommen der After, ist bei einem gesunden Kaninchen sauber und trocken. Kannst du dort jedoch Verschmutzungen erkennen, dann ist dies immer ein Hinweis darauf, dass dein Hoppler unter Durchfall leidet. Das geschieht vor allem dann oft, wenn du die Nahrung umstellst. Darüber hinaus kann dort auch ein Befall durch Fliegenmaden auftreten, was besonders bei einer Haltung draußen leicht geschehen kann.

Wenn du auf den Körperbau achtest, wirst du ein gesundes Kaninchen daran erkennen, dass die Krallen kurz sind und die Beine keine Verdickungen aufweisen. Bei Erkrankungen findest du diese Verdickungen besonders an den Gelenken. Die Krallen wiederum bleiben kurz, weil das Kaninchen aktiv ist und diese dann an den Ästen und auf den Unterlagen abwetzt.

Entzündungen können sich oftmals an den Unterseiten der Läufe zeigen. Wenn du hier kontrollierst und diese sauber und trocken sind, dann bist du auf der sicheren Seite, denn dann liegt keine Entzündung vor. Diese treten besonders dann auf, wenn du die falsche Einstreu oder die falschen Unterlagen in dem Gehege benutzt bzw. die Einstreu nicht oft genug wechselst.

Der Appetit und das Gewicht sind ebenfalls wichtige und nützliche Hinweise. Frisst dein Kaninchen viel, das heißt, es kaut und schluckt, dann ist alles in Ordnung. Kaut es jedoch nur auf den Blättern herum, ohne sie herunterzuschlucken, dann wird es bedenklich. Das Gewicht wiederum ist bei einem Kaninchen relativ stabil. Kontrolliere es regelmäßig und ergeben sich zu starke und vor allem zu plötzliche Schwankungen, dann ist dies ein starkes Indiz dafür, dass eine Erkrankung vorliegt. Führe ein Buch über deine Kontrollen, denn das gibt dem Arzt einen wichtigen Ansatz für seine Diagnose.

Was tun bei einer Erkrankung?

Erkrankungen treten in den besten Familien auf. Du kannst tun, was immer du willst und dennoch wird der eine oder andere Hoppler mal krank. Dann musst du zuerst einmal die Anzeichen richtig erkennen und dann entsprechend darauf reagieren.

Kaninchen können ebenso wie Menschen ansteckende Krankheiten bekommen, meistens jedoch erkranken sie aufgrund anderer Ursachen. Die bei Weitem größte Krankheitsgefahr geht von Insekten und von einer falschen Ernährung aus. Das bedeutet, du solltest das erkrankte Tier nicht sofort von der Gruppe trennen, denn das bringt ihm nur noch zusätzlichen Stress und hilft wahrscheinlich ohnehin nicht. Bring das erkrankte Kaninchen und seine Freunde zum nächsten Tierarzt und das so schnell wie möglich. Einige der Erkrankungen sind tödlich und lassen sich nur mit einer sofortigen Impfung bekämpfen. Daher solltest du nicht lange warten und alle Tiere in der Gruppe der Behandlung unterziehen.

Von einer akuten Erkrankung abgesehen, solltest du regelmäßig deine Haustiere zu einem Tierarzt bringen. Vorsorgeuntersuchungen lassen viele Probleme oder Risiken schon im Vorfeld deutlich werden, sodass du etwas dagegen tun kannst, bevor es zum Schlimmsten kommt.

Die Zucht

Vielleicht willst du ja mit deinen Kaninchen etwas Nachwuchs züchten? Das ist kein Problem, denn Zwergkaninchen sind recht fruchtbar. Darüber hinaus sind sie schon ab einem Alter von drei Monaten fruchtbar und die Trächtigkeit dauert auch nicht so lange.

Die Züchtung in Eigenregie

Nicht umsonst wird bei einer Vermehrung immer gern auf die Kaninchen verwiesen. Ein Weibchen kann pro Jahr mehrere Würfe austragen und pro Wurf im Durchschnitt drei bis vier Junge bekommen. Es sind jedoch auch weit größere Zahlen möglich.

Eine Zucht sollte vorsichtig angegangen und gut geplant werden. Aufgrund der mehrmaligen Möglichkeit, einen Wurf pro Jahr zur Welt zu bringen, kannst du damit sehr schnell deine Räumlichkeiten, Ställe und Gehege mit Kaninchen füllen und ebenso schnell all deine Freunde überfordern, wenn sie noch mehr der jungen Kaninchen bei sich aufnehmen sollen.

Grundsätzlich wird gerade aufgrund der Fruchtbarkeit Laien von einer Zucht abgeraten. Würfe von 3 bis 4 Jungen sind normal, doch es können auch schnell mal 8 bis 9 Junge in einem Wurf zur Welt kommen. Das bedeutet, du hast selbst keinen Platz mehr und wirst kaum genug Leute finden, die dir die Tiere auch abnehmen.

Geburtenkontrolle

Aufgrund der Biologie ist es am einfachsten, die Männchen zu kastrieren. Dann kannst du deine Kaninchen in einer gemischten Gruppe halten, ohne dass es dabei zu einer unkontrollierten Vermehrung kommt. Du musst jedoch etwas sehr Wichtiges beachten. Auch nach der Kastration sind die Männchen noch immer zeugungsfähig. Die eigentliche Fähigkeit, Nachkommen zu zeugen, verlieren sie erst 4 bis 6 Wochen später. Du kannst also erst nach dem Ablauf dieser Frist die Männchen zu den Weibchen lassen.

Ein männliches Kaninchen ist nach 8 bis 10 Wochen alt genug für eine Kastration. Dafür braucht es aber auch ein Körpergewicht von mindestens 600 g bis 900 g. Lässt du die Kastration so früh vornehmen, wird die Zeugungsfähigkeit bei dem Kaninchen gar nicht erst ausgeprägt. Das bedeutet, du kannst das Kaninchen gleich zu den Weibchen in der Gruppe lassen. Damit kann das Männchen ständig bei seiner Familie bleiben.

Die Sterilisation eines Weibchens ist unter bestimmten Umständen sinnvoll. Das ist vor allem dann der Fall, wenn das Weibchen sehr oft scheinträchtig wird. Das bedeutet, das Tier denkt, es ist trächtig und beginnt, dies durch den Bau eines Nestes zu zeigen. Hier liegt eine hormonelle Fehlsteuerung vor und diese ist für das Kaninchen gesundheitsgefährlich. So können sie unter Verhaltensstörungen leiden und, schlimmer noch, sie können an Krebs in den Eierstöcken oder in der Gebärmutter erkranken. Lässt du deine Weibchen nicht sterilisieren, dann musst du auch immer bedenken, dass sie schon am Tage der Geburt der Jungen sofort wieder fruchtbar und empfängnisbereit sind.

Qualzüchtungen

Leider sind nicht immer nur Tierliebhaber am Werke, wenn es um Züchtungen geht. Daher findet man oftmals auch sogenannte Qualzüchtungen im Handel. Eine Qualzüchtung ist das Züchten von Nachkommen, bei denen zu erwarten ist, dass die Nachkommen unter Schmerzen oder anderen Beschwerden oder unter Schäden und Anomalien leiden. Auch wenn diese Qualzüchtungen eigentlich verboten sind, kommen sie doch immer wieder vor und als Tierliebhaber solltest du diesen nicht noch Vorschub leisten.

Qualzüchtungen erkennst du an Zahnfehlstellungen, wie sie oft bei Zwergkaninchen vorkommen. Dazu kommen Kieferverkürzungen und eine Verengung der Tränenkanäle. All diese Merkmale sind besonders bei extremen Züchtungen vorhanden. Darunter fallen Züchtungen hinsichtlich bestimmter Farben, Hermelinen oder Rex- bzw. Fuchszwergen. Es gibt auch noch Züchtungen auf einen sehr extremen Zwergwuchs hin. Dieser liegt immer dann vor, wenn selbst die ausgewachsenen Tiere noch weniger als ein Kilo auf die Waage bringen.

Die Resultate solcher Qualzüchtungen sind Tiere, die in der Regel sehr schwach sind. Sie sind anfällig gegenüber Krankheiten und sie leben meistens nicht sehr lange. Das Züchten solcher Tiere ist illegal und auch der Kauf ist keine Hilfe für den Tierschutz. Das Problem lässt sich nur lösen, wenn sich kein Markt für diese Qualzüchtungen finden lässt.

Ein paar Tipps zur Haltung

Kaninchen sind süß, doch Fehler kann jeder mal machen. Damit dir das nicht passiert, haben wir für dich hier die wichtigsten Tipps zur Haltung der Hoppler zusammengefasst, damit ihr gemeinsam ein tolles Leben und viel Spaß haben könnt.

Kaninchen sind schreckhaft

Zwergkaninchen haben zwei Eigenschaften, die eigentlich nicht gut miteinander sind. Als Erstes haben sie ein schwaches Herz und als Zweites sind sie sehr schreckhaft. Das bedeutet, du musst dich ihnen vorsichtig und vor allem langsam nähern. Greif nicht schnell nach ihnen und gib ihnen einen Platz, an dem sie sich zurückziehen können. Wenn du sie jedoch zu oft erschreckst, können auch deine Kaninchen einen Herzinfarkt bekommen.

Das Alarmsignal

Es sieht komisch und vor allem niedlich aus, wenn deine Zwergkaninchen ihre Hinterfüße dazu benutzen, auf den Boden zu trommeln. Das ist jedoch keine musikalische Begleitung zu einer Party oder eine Tanzvorführung, dies ist ein Alarmsignal. Die Hasen und die Kaninchen, die in der freien Wildbahn leben, warnen sich so einander vor einer drohenden Gefahr. Nimm dieses Signal also ernst und frag dich, worum dein Kaninchen dieses Signal aussendet. Hat es eine Gefahr bemerkt? Sieht es dich als eine Gefahr an? Hat es Schmerzen? Ist es vielleicht erkrankt?

Das Gehege

Ein Zwergkaninchen ist ungern allein und braucht andere Artgenossen um sich. Alle zusammen brauchen sie viel Freiraum, viel Fläche zum Herumjagen und Haken schlagen, Areale zum Buddeln und noch viel mehr. Gib ihnen ein großes Gehege, welches der Größe der Gruppe entspricht und sorg auch dafür, dass sie sich dort ausleben können. Dann werdet ihr zusammen viel Spaß haben.

Die Sauberkeit

Zwergkaninchen lieben es sauber und sie brauchen einen weichen Boden. Beides zusammen kannst du ihnen mit der richtigen Einstreu geben. Damit ist der Boden weich und Urin wird aufgesaugt. Die Kaninchen können sich damit schon wohlfühlen, noch besser ist es jedoch, ihnen eine Toilette zu geben, dann brauchen sie die Einstreu nicht zu verunreinigen. Für die Toilette nimmst du einfach eine Schale mit mehr Einstreu und schon werden die Kaninchen von ganz allein dort ihr Geschäft verrichten.

Das liebe Heu

Zwergkaninchen brauchen Heu, jeden Tag den ganzen Tag. Damit werden sie satt und sie schleifen damit auch ihre Zähne ab. Darüber hinaus sorgt es bei ihnen für eine geregelte Darmtätigkeit, sodass sie keine Bauchschmerzen bekommen.

Andere Nahrungsmittel sind gute Leckerbissen, die von Zeit zu Zeit verabreicht werden können, doch niemals ohne Heu. Andere Nahrungsmittel allein verabreicht führen häufig zu Verstopfung. Darüber hinaus enthalten sie oftmals Stoffe, wie zum Beispiel Zucker oder ätherische Öle, die den kleinen Hopplern auf Dauer nicht guttun.

Wasser muss sein

Die Zwergkaninchen brauchen Wasser, ebenso wie das Heu, jeden Tag den ganzen Tag. Erhalten sie nicht genug Wasser, trocken sie innerlich aus. Das sorgt sehr schnell für Schmerzen und dann auch bald zum Tod.

Andere Kaninchenbesitzer

Andere Besitzer haben andere Ideen. Kaninchen sind sehr gut geeignet, andere Kaninchenhalter kennenzulernen. Du kannst Freunde finden, dich mit ihnen austauschen und ihr könnt voneinander lernen. Auch wir Menschen sind gesellige Tierchen und nur ungern allein. Nutze also diese Gelegenheit, deinen sozialen Kreis auszuweiten.

Fazit

Hier sind wir nun am Ende des Buches. Wir haben dir eine Menge Wissen vermittelt und viele Informationen geliefert. Vieles ist jetzt klarer, aber Einiges ist schon wieder in Vergessenheit geraten. Bei Kaninchen, auch bei den Zwergkaninchen, handelt es sich jedoch um Lebewesen. Sie können fühlen, Schmerzen empfinden, sich freuen und auch krank werden. Du übernimmst eine große Verantwortung, wenn du sie dir in dein Zuhause holst. Damit dann auch alles klargeht, haben wir hier die wichtigsten Punkte noch einmal für dich zusammengefasst.

Die Haltung in einer Gruppe

Als Allererstes brauchen Zwergkaninchen Gesellschaft. Dabei kannst jedoch weder du noch deine Kinder noch dein Hund oder deine Katze ihnen ein anderes Kaninchen ersetzen. Sie brauchen ihre Artgenossen und daher solltest du niemals nur ein Kaninchen allein anschaffen.

Ideal sind kleine Gruppen von 4 bis 6 Kaninchen. Dann fühlen sich die Tiere richtig wohl, dann sind sie niemals allein und sie haben immer jemanden um sich, mit dem sie spielen können.

Die Haltung in einer Gruppe oder als Paar mit Männchen und Weibchen kann jedoch schnell in einer Katastrophe enden. Das liegt daran, dass die Weibchen mehrmals pro Jahr Junge austragen können und ein Wurf mehr als 3 Kaninchen auf die Welt bringt. Damit du nicht bald bis zum Hals in Kaninchen steckst, solltest du die Männchen kastrieren lassen. Du musst jedoch einrechnen, dass die Männchen auch nach dieser Prozedur noch für 4 bis 6 Wochen Nachkommen zeugen können.

Die Kastration verhindert nicht nur die Zeugung von unerwünschtem Nachwuchs. Sie verhindert auch Rangkämpfe und Streitigkeiten um das Revier. Für die Gruppe ergeben sich dann verschiedene Kombinationsmöglichkeiten. Wichtig ist jedoch, dass eine reine Weibchengruppe schnell zu einem Zickenkrieg führt, und daher vermieden werden sollte.

Eine reine Gruppe bestehend aus kastrierten Männchen ist kein Problem. Andere Möglichkeiten sind 2 bis 4 Weibchen und dazu noch ein oder zwei kastrierte Männchen. Damit wird etwaigen Streitigkeiten ausreichend vorgebaut und die Tiere haben genügend Gesellschaft.

Der Stall bzw. das Gehege

Kaninchen sind klein und das trifft in jedem Fall auch ganz besonders auf die Zwergkaninchen zu. Das bedeutet jedoch nicht, dass diese keinen Raum brauchen, um sich zu bewegen. Genau genommen ist der Bewegungsdrang bei Zwergkaninchen absolut nicht zu unterschätzen.

Ein Käfig wird deinem Kaninchen niemals genug Platz bieten, daher solltest du diesen nicht für eine normale Unterbringung nutzen, sondern nur für den Transport deines Kaninchens. Auch wenn du jetzt denkst, du lässt dein Kaninchen den ganzen Tag über frei herumtollen, dann kann es doch in der Nacht im Käfig schlafen, liegst du damit falsch. Allein das Schlafen im Käfig schädigt die Muskulatur des Kaninchens und das liegt nicht zuletzt auch daran, dass die Kaninchen schon mit der ersten Dämmerung aktiv werden. Dann aber sind sie noch immer in dem Käfig eingesperrt.

Ein Zwergkaninchen hat einen Platzbedarf von mindestens 2 oder besser noch 3 m^2. Das bedeutet, dass du diesen Platz natürlich verdoppelst, wenn du zwei Kaninchen hältst, und verdreifachst, wenn du drei Kaninchen hast. Das ist jedoch die Mindestgröße und du kannst deinen Hopplern gern mehr Raum bieten.

Ist das Platzangebot für deine Tierchen nicht ausreichend, werden sie dir das schnell zeigen, indem sie an den Gittern nagen oder sich unnormal verhalten. Dabei ist die Größe noch nicht alles. Deine Hoppler brauchen auch einen Platz, um sich zu verstecken und um darin zu übernachten. Dafür eignet sich ein kleines Häuschen am besten. Dieses sollte über ein flaches Dach verfügen, sodass die Kaninchen darauf klettern und einen kleinen Ausblick nehmen können. Das Häuschen sollte für ein Tier allein 20 x 30 x 20 cm groß sein.

Neben einem Häuschen solltest du deinen Hopplern auch etwas zum Spielen bieten. Dazu gehören Äste zum Anknabbern, Röhren zum Durchlaufen oder zum darin Verstecken und ein paar höhere Ebenen zum Erklettern. Dann langweilen sich deine Tiere nicht und sind glücklich.

Der Boden des Geheges muss mit Einstreu ausgelegt sein. Dafür eignen sich Rinden, Heu oder Zeitungen. Was du nicht nehmen solltest, ist Torf oder Sägemehl. Gerade das Sägemehl kann sehr leicht zu Reizungen der Augen führen.

Das Gehege muss mindestens zweimal die Woche gereinigt werden. Die Toilettenecke braucht ebenfalls zweimal die Woche deine Aufmerksamkeit. Lässt du alles dreckig werden und verkommen, werden die Kaninchen bald eingehen.

Wohin mit ihnen?

Jetzt brauchst du noch einen Platz für das Gehege bzw. für den Stall. Dieser sollte, um eine Höhle vorzutäuschen, nicht von allen Seiten aus einsehbar sein. Das bedeutet, stell das Gehege nicht in die Mitte des Raumes, sondern an eine Seite oder in eine Ecke.

Kaninchen, die du im Haus hältst, sind empfindlich gegen Temperaturveränderungen. Daher solltest du das Gehege nicht unter ein Fenster oder in die Nähe einer Heizung oder eines Elektrogerätes stellen. Ebenso muss es für deinen Hund oder deine Katze unerreichbar sein.

Hältst du die Zwergkaninchen dagegen im Garten, können sie im Prinzip das ganze Jahr über draußen bleiben. Es gibt jedoch Ausnahmen zu dieser Regel. Die erste Ausnahme ist der Beginn der Außenhaltung. Diese sollte mit dem Frühjahr und den ersten frostfreien Nächten zusammenfallen. Dann können sich die kleinen Hoppler an die Witterung anpassen und mit ihr wachsen. Schwache, kranke, trächtige bzw. noch sehr junge Tiere sollten den Winter nicht draußen verbringen. Sie verfügen nicht über die nötige Widerstandskraft, um die Kälte zu überstehen.

Der Freilauf

Kaninchen brauchen Auslauf und es ändert sich nichts daran, ob du sie nun in der Wohnung oder draußen hältst. Für einen vor allem ungefährlichen Freilauf musst du ein paar Vorbereitungen treffen. Elektrogeräte, Strom führende Kabel, Reinigungsmittel und alles andere, was die Hoppler nicht benagen sollen oder was ihnen gefährlich werden kann, muss entfernt werden. Dazu muss das Gebiet für den Auslauf so eingefriedet werden, dass sie die

Absperrung nicht überwinden können. Letzteres ist ein sehr wichtiger Punkt, denn die kleinen Tierchen schaffen locker einen Sprung von 70 cm Höhe und das ohne Anlauf.

Die Fütterung

Kaninchen ernähren sich von Pflanzen und du solltest dich an diese natürliche Ernährung halten. Als Grundlage dient das Heu und dazu kommt etwas Obst und Gemüse. Äpfel, Birnen und Karotten sowie Salat, Fenchel und Spinat sind auf dem Speisplan willkommen. Du musst jedoch sichergehen, dass nichts davon chemisch behandelt ist.

Danke

Jetzt bleibt uns nur noch „Danke“ zu sagen. Danke, dass du dieses Buch gekauft hast und danke, dass du etwas zum Schutz der Tiere beitragen möchtest. Wir hoffen, dass dir die Lektüre gefallen hat und dass du damit einen guten Start in dein Leben mit deinen Zwergkaninchen bekommst.

Impressum

Lea Henning wird vertreten durch:

Instyle Supply and Control Limited

20th Floor, Central Tower, 28

Queen‘s Road, Central, HK

Coverbilder

[creativelog] | [Fiverr]

Haftung für externe Links

Das Buch enthält Links zu externen Webseiten Dritter, auf deren Inhalt der Autor keinen Einfluss hat. Deshalb kann für die Inhalte externer Inhalte keine Gewähr übernommen werden. Für die Inhalte der verlinkten Webseiten ist der jeweilige Anbieter oder Betreiber der Webseite verantwortlich. Die verlinkten Seiten wurden zum Zeitpunkt der Verlinkung auf mögliche Rechtsverstöße überprüft. Rechtswidrige Inhalte waren zum Zeitpunkt der Verlinkung nicht erkennbar. Eine permanente inhaltliche Kontrolle der verlinkten Webseiten ist jedoch ohne konkrete Anhaltspunkte einer Rechtsverletzung nicht zumutbar. Bei Bekanntwerden von Rechtsverletzungen werden derartige Links umgehend entfernt.

Printed in Poland
by Amazon Fulfillment
Poland Sp. z o.o., Wrocław

56403187R00035